日本誕生史

実年代と史実

はしがき

この歴史書は「たしかなる起点」と「たしかなる柱」を創出して、霧の中をさまよっている日本古代史の実年代の究明に挑戦した本である。

起点には神功皇后の新羅出兵西暦三九一年一〇月説。応神大王生誕三九一年一二月一四日説を——。

柱には父帝平均一八才後継大王出誕説を基底にしてある。もとより内外の「面」の研究と併行することによって正確を期すことが必要。説明するまでもない。

この新開発の手法は、もとより完全無欠とは云えないにしても、現在考えられる最も合理的な手法…古代天皇の実年代を誤差二、三年にまで縮めることも不可能ではない。不思議な現象だが、実年代が把握されると「真実の史実」が見えて来る。

日本の古代史の世界は珍説奇説のさかまく異常世界である。まず大王(天皇)の実年代の確認を急ぎ、そこから再出発すべきであろう。考古学者が古墳を発掘しても被葬者の確定もできない。これは考古学者の責任ではなく、文献史学の幼さに原因している。

この本をまとめるのに、なんと30年はかかっている。記紀はもとより高名な学者の研究書も実年代の究明には、正直、なんの役にも立たなかった。多数の高名な学者と討論を交えたが、実年代の究明に、さほど役に立った思い出はない。

筆者には「神武非在論」「神功皇后非在論」「欠史八代大王非在論」がどんな論拠で生まれたのか、今もってさっぱり解らない。非在論では歴史の実年代に空白の期間がポッカリとできて埋めようがない。

みんなそろって非在論なので、村八分にされては困るから非在論に同調する、といった程度のもので、論争してみても論拠はほとんど存在しなかった。戦前も現代も、日本人は本質的に成長していない、歴史の真実を、イデオロギーで左右することは邪道である。

面白かったのは神社の神官さんとの対話であった。表側では神官さんは記紀の説話にそむくような話は絶対に口にしない。しかし裏側では眼光紙背にてっする才物が少なくない。

例えば「天照大神とスサノ王がきょうだいであるはずがない。夫婦のようなものだ」「人間でない神様が人間の女性に子供を生ませられるわけがない。矢に化けた神様の話は、男性器のたとえにすぎない」「帝王学に合致した天皇は残念ながらほとんど見あたらない」と云った具合。

一昔前の日本人の大多数は素直でなんの批判もしなかったが、現在では神話や古代史に非科学的な部分や矛盾を見出すと、鬼の首を取ったように勢い込んで反論する青少年も多くなって、たのもしい。オトギ話の展開では社会的責務は果たせない。これは神官さんだけでなく歴史研究者のすべてにあてはまる。わけのわからないオトギ話の世界から科学的論理の世界に、古代史も転換を迫られていることは今さら云うまでもない。

本書がその転換に多少とも役立つことがあれば幸いこれにすぎるものはない。

筆者は右の新開発の手法についてある高名な歴史作家に話してみたことがある。

「このような革命的手法を君が考え出したのは君がヘソまがりだからだ。秀才というのはすべて素直な人間だ。素直でない人間に秀才はいない。

しかし、天というものは素直な人間にも使命を与えるが、ヘソまがりにも使命を与える。いずれの価値が高いか、僕にはわからない。

人生なんて、どうせ、たかが知れている。きっと貧乏すると思うが、君はヘソまがりを貫き給え…」

筆者はこの言葉を金科玉条にしている。従って日本一の貧乏出版社の老会長である。

平成一九年一月一日（二〇〇七）

伊藤太文

目次

日本誕生史のキーポイント

徐福渡来

徐福像

金立神社

半両銭

秦の始皇帝に蓬莱の国から不老不死の食品を持ち帰れと命じられた徐福は、紀元前二一六年前後に倭国に渡来する。一隊は佐賀に、一隊は南九州に、一隊は和歌山県の新宮の地にたどり着いた。中国江南の徐福村の古代造船所遺跡から、紀元前二世紀頃の一〇〇人以上収容できる船の骨組みが発掘されている。
徐福は富士の裾野の現代の富士吉田の地で死去。地元では記紀の記述に合わせ、孝霊天皇の代に渡来したとしているが、孝霊の生誕は西暦二一八年前後である。四五〇年の年代差がある。(本文参照)

徐福の精

倭国統治に支障ありとして、徐福渡来の史実は封印されて来たが和歌山県新宮には徐福がもたらしたと伝えられる秦時代の半両銭や擂り鉢、随伴して来た者たちの後裔も現存する。

森尾古墳の謎

大正六年（一九一七）、兵庫県出石郡神美村森尾で古墳が発見され、銅鏡三面が出土。うち二面は紀元一世紀初頭の新の時代の銅鏡。

①唐草文縁方格規矩鏡（面径一二・九cm）

平尾源太夫氏蔵

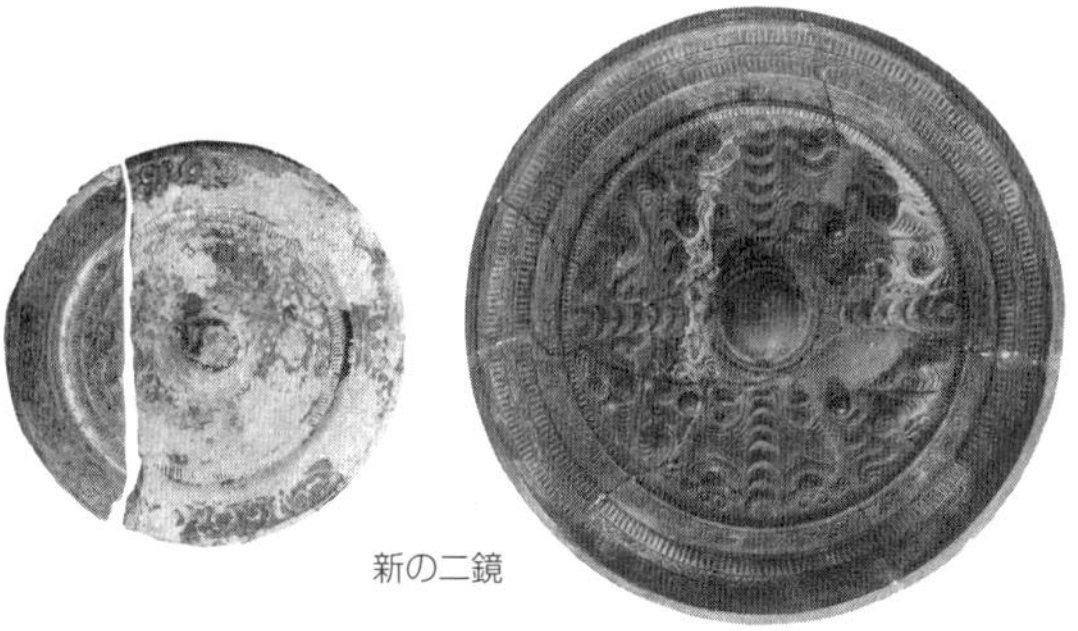

新の二鏡

銘文「桼言之紀鏡　始蒼龍在　左白虎右」紀元一世紀初頭作。桼は七。

②三角縁四神四獣鏡（面径二五・四㎝）
東京国立博物館蔵

銘文「新作大鏡幽律三剛　配徳君子　清而具明　銅出徐州　周文刻鏤　皆作文章　左龍右寅　師子有名　取者大吉　長宣子孫」紀元一世紀初頭作。

③正始元年銘の三角縁同向式神獣鏡（面径二二・六㎝）
京都大学総合博物館蔵

正始元年の鏡

三角縁神獣鏡の最古式、群馬県柴崎市の蟹沢古墳、山口県新南陽市の御家老屋敷古墳から同型鏡出土。

銘文「正始元年陳是作鏡自有経述本自荊師杜地命出

寿如金石保子宣孫」

〈解説〉「新」の時代、即ち前漢を亡ぼした王莽《おおもう》が西暦八年に建国、二三年の赤眉の乱で亡びるのが「新」である。その後は光武帝が建国した後漢となる。長い間、絵柄が不明確のために無視された状態であったが最近になってエックス線写真で研究が深められた。森尾古墳は「楽浪海中に倭人あり、分かれて百余国となる。歳時をもって来たり献見すという」の漢書地理志にある百余国の中にタバナ国がある。タバナ国王族の墓が森尾古墳である。漢書王莽伝に「東夷の王、大海を渡りて、国珍を奉ず」とあり、母国の新羅と協力して万里波濤を超えて中国と交易していたと考えられる。

③の鏡はヤマタイ国連合の女王のヒミコが魏の明帝から拝授した鏡か。ヒミコは二四八年、狗奴国の挑戦を受け嵐の中で歿する。

タバナ国は新羅系の古代国家。タバナ国で生まれた脱解は後に新羅の四代王に着任（西暦五七年〜八〇年）している。西暦五七年には後漢の光武帝に朝貢。同じ年に倭の奴国王も朝貢しているから、タバナ国も同調して朝貢しているであろうことが容易に推定できる。

タバナ国の人々は出石族とも呼ばれスサノ王系と共に紀元一世紀の後半から二世紀の初頭にかけて畿内に進出している。後述するが、脱解の子孫であるアメノヒボコは西暦三二〇年前後に祖霊の地、現在の出石に帰化。その後裔にはタジマモリ、タジマヒタカ、三宅氏、神功皇后、応神天皇などがある。

新羅本紀にはタバナ国はヤマタイ国の東北一千里の地にありと記してある。古代朝鮮では一里は一キロ。即ち九州から二五〇里の地。まさに出石、豊岡の地が該当する。この一文だけでもヤマタイ国の発祥地は九州であって奈良ではない。奈良のヤマタイ国は九州ヤマタイ国の後身である。

志賀島出土の金印の背景

金印

西暦五七年、光武帝から「漢委奴国王」の金印を賜った奴国王は周辺諸国の征服の野望にとりつかれて軍を起し、敗れて袋だたきにされ、志賀島に金印を埋めて新羅に逃亡したと推定される。この奴国王を後のスサノ王と見ると年代も状況も合致する。時の新羅王はスサノ王の血縁である脱解王。帝王学をきびしくたたき込まれて、その支援のもとに出雲に復活したのであろう。スサノ王の生誕は西暦一〇年前後。記紀には天照大神ときょうだいと記しているが、これは倭国統一のための後世の政略。天照は明かに天孫系。スサノ王は明かに新羅系である。共に西暦一〇年前後の生誕である。（本文参照）

三輪山・大神《おおみわ》神社―スサノ王系、中原に雄飛

スサノ王の娘婿の大国主命は出石族と結んで治水技術、米作技術、医術を武器に近隣諸国を次々に掌握して、関東・中部・畿内に進出する。

本拠地は現在の三輪山の周辺。天孫系の系譜と対比す

大神神社

ると、大国主命と呼ばれる人物は三人から四人いないとおかしい。即ち天照大神とスサノ王は同時代人、生誕年は接近している。天孫系は天照から五代の後裔が神武。スサノ王の五代後裔が神武と同時代の事代主命とすると大国主命は一人ではなく三人から四人存在しなければおかしい。大国主命にはいくつもの名があるが、これは三人から四人の大国主命のそれぞれの名ではないのか。あるいは新羅から渡来して来た巨大リーダーの名も混入しているのではないか。

ニギハヤビの命と櫛玉比売命神社

ニギハヤビの命画像

ニギハヤビの命が船団を仕立て九州から畿内にやって来たのは紀元一一〇年前後であろう。

ニギハヤビの命の出自は明確でない。男《むすこ》には尾治氏の初代の高倉下命《たかくらじ》と、物部氏の初代のウマシマジの命がある。

大山祇神社の大祝《おおはふり》は物部氏であることからニギハヤビは大山祇の後裔と考えられ、さらに物部の拠点の石上神宮の場所や祭神が「フル」とあり、百済初代の温祚王の兄のフル王に発するのではないかとも考えられる。

記紀にはニニギの尊の兄とあり、ニニギの尊の妻のコ

櫛玉比売命神社

ノハナサクヤヒメの兄と書かれたものもあって明かでない。おそらく大山祇の女《むすめ》のコノハナサクヤヒメの兄が真実であろう。
奈良県広陵町に櫛玉比売命神社がある。前方後円墳の後円墳の上に建立されている。この神社の祭神は大日本史ではニギハヤビの命の妻の御炊屋媛《みしきやひめ》（ナガスネ彦の妹）と記している。ニギハヤビには二人の妻妃がある。九州在住中の妻は天道日女命。高倉下命の実母である。高倉下命は尾張氏の祖、愛知県一宮の眞清田神社に父と共に祀られ新潟県の弥彦神社にも祀られている。尾張に移るまでは大和の高尾張邑、現在の広陵町周辺を本貫地としていた。

石上神宮

一方、物部氏の祖となるウマシマジの命はナガスネ彦の妹の御炊屋媛の子に生まれ、その本貫地は広陵町から数里はなれた石上神宮の地であることから見て、大日本史の記述は誤りで、櫛玉比売命神社の祭神は天道日女命であろう。

天道日女命の死去の年代は二世紀前半と考えられ、この時代に前方後円墳が存在するはずはない。後に尾治氏の後裔が菩提のために九州から分骨して再構築したものであろう。

神武東征の真相

五瀬命陵墓

西暦一三〇年前後、南九州を発って東征の軍を発向した神武兄弟に従った勢力には海洋族が中核を成していたのではないかと思われるふしがある。

まず隼人族、神武の妻の出身氏族である。次は海の豪族大山祇勢力、スサノ王系の一流の後の鴨族（ヤタガラス系）等。阿曇水軍、宗像水軍の動向は不明だが、海洋族の支援なしには東征の実現はあり得なかった。

当初の東征軍の陣立は日向と鹿児島の阿田で整備された。北部九州、長門周防安芸吉備の勢力の合体を経て東上する。

高倉神社

浪速口から攻撃を開始した神武軍はスサノ王系の勇将ナガスネ彦に反撃され、神武の兄の五瀬命はトリカブトの毒をぬった矢を受けて和歌山の沖で戦死。ニギハヤビの命に従って東上していた隼人族出身のニエモツの命がカマ山に葬る。五瀬命の墓守りは九五代にわたって鵜飼氏が担当、子孫は大阪に実在。隼人族の出身である。

神武軍は熊野の新宮の地に上陸。高倉下命の協力を得て鴨族、徐福後裔等の支援を得て現在の高倉神社の背後から奈良に通じる修験の道をたどって進撃する。食料の供給に貢献したのは隼人族出身のニエモツの命親子であった。

かま山神社

勝負は容易につかなかったが、天穂日命系とニギハヤビの命系の仲立ちによってスサノ王系との妥協連合政権が成立。スサノ王系の事代主命の女《むすめ》のヒメタタライスズヨリヒメを妻として神武大王が実現する。
奈良での開戦直前、神武とナガスネ彦の会談で、ニギハヤビの命の存在を神武が知らなかった如くに記紀は記しているが、それはあり得ない。ニギハヤビ一族に危難の及ぶのを危惧しての神武の芝居であろう。
天孫系の神武とスサノ王系との妥協連合政権は、合戦の産物ではなく、政治的妥協の産物と云ってよかろう。特筆すべきは天孫系からスサノ王系に婿入りしたニギハヤビの命系と天穂日命系の仲介の役割である。それなくしては神武政権の実現はあり得なかった。

倭国大乱

吾平津神社

西暦一五〇年前後に神武崩御。綏靖一二才の年。綏靖は九州から父に従って東上した兄の手研耳命を刺殺、これを機に天孫系とスサノ王系は分裂して倭国大乱に突入。

父の神武の皇后に手研耳命が言い寄ったとする記紀の記述は、敗者を悪に仕立てる記紀の常套《とう》で信じるに値いしない。

綏靖は隼人族によって暗殺されたか?、神武の最初の妻の阿比良津比売は隼人族の出身である。綏靖には子供は安寧一人。若すぎる死。暗殺が考えられる。

新羅王都金城包囲

二三二年、大和王朝軍、海を渡って新羅王都金城包囲。スサノ王系支援に対する抗議の出兵。（新羅本紀参照）時の大和王朝の大王は孝昭。孝昭の皇后は尾治氏。

仮説——箸墓に眠る大王は孝昭ではないか？

尾張でつくられたハニワと吉備でつくられたハニワが陵上に安置されていることから、箸墓の主は尾張出身の女性と吉備出身の女性を妻妃とした大王と考えられる。

孝霊大王遺跡

田原本町の黒田大塚古墳は孝霊大王のモガリと伝えられる。

孝霊の王子の吉備津彦と二人の弟は十代崇神大王の代に吉備の温羅《うら》王を亡ぼす。

温羅の祖は神武東征最大の功臣だが大陸交易の要を掌握したい大和王朝に亡ぼされた。

吉備津彦兄弟も雄略帝の時代に討滅され吉備の大陸交易の要地は大和朝廷の直轄地となる。

黒田大塚古墳

稲荷山鉄剣

稲荷山鉄剣

雄略帝につかえたオワケの臣が死去前に先祖の名を鉄剣に刻印した。
孝元の王子の大彦命から八代の名が記され、欠史八代大王不在説の一角が転覆する。即ち八代大王孝元と九代大王開化の実在が立証された。

崇神大王、統一国家をほぼ完結

四道将軍を派遣して倭国の大半を掌握した大和王朝はスサノ王系を出雲に追いつめて国ゆずりをさせる。

崇神天皇宮跡の碑

この段階で対立から統一にむかって政策の大転換をはかる崇神大王は、王子垂仁の妃を新羅王に求めて王族の阿飡《あさん》の急利の姫を迎える。スサノ王系の反抗を無くするためにスサノ王直系のオオタ・タネコを探し出し「大神神社の宮司に復活させるから先祖に祟りをしないように祈り、スサノ王の後裔種族に抵抗を停止して生業にはげむように伝えよ」と命じる。倭国大乱は十代崇神の代にようやく終息。

アメノヒボコ帰化と後裔たち

垂仁三年、西暦三二〇年前後にアメノヒボコ帰化。ヒ

中嶋神社

出石神社

ボコは倭のタバナ国出生の新羅四代王脱解の後裔。（本文参照）

長子タジマモリは現在の豊岡市の三宅の地を拓く。大和王朝から治水技術を評価されて大和の葛城への移住を命じられ、タバナ国の昔からの先祖の移住地の大和葛城地方に移る。弟のタジマヒタカも同行する。（兄弟はヒボコ四代の後裔ではなく男《むすこ》…本文参照）

タジマモリは垂仁大王から不老不死のトキジクのカクのコノミを持ち帰ることを命じられ船出する。タジマモリの後裔である三宅祺一郎氏の研究によると出かけたのはインドのデカン高原。水清く赤道直下の地である。トキジクのカクのコノミとはある種の橘の実。有

三宅の里

効成分は「抗酸化物質」である。老化を防ぐ。
だが、悪戦苦闘の末に持ち帰ったときは、垂仁大王はすでに死去。次の景行天皇と新羅の間は一触即発の危機にあった。タジマモリは垂仁の墓前で泣死したと伝承されている。
タジマモリの子孫には三宅氏、浮田氏等があり、弟のタジマヒタカの子孫には神功皇后・応神・仁徳・履中・反正・允恭・安康・雄略とつらなり継体大王に結びつく。葛城地方には出石族系の葛城氏の墳墓があるはずだが明確でない。軽々に断定できるはずもないが仮説を提起しておきたい。例えば巣山古墳には神功皇后の祖父のタジマヒタカ。島の山古墳には息長宿禰と葛城高額

菓祖中嶋大神（タジマモリの命）

媛、即ち神功皇后の父母が眠っていても不思議はない。天下掌握後に神功皇后や応神大王の手で権威と菩提のために大改築が行われているはずである。両古墳に神功皇后の影を感じるのは筆者だけだろうか。

神功皇后の史実

神功皇后像

神功皇后非在説が長くまかり通った。しかし、非在説では日本古代史は支離滅裂。どうにも筋が通せなくなる。非在説の背景は実年代が目茶苦茶であることと記紀の記述があまりに幼稚すぎる故だ。

神功皇后の生母は葛城高額姫、その父はタジマヒタカ、

忌宮神社

七支刀

その父はアメノヒボコ、その遠祖は新羅四代王脱解、脱解は倭国のタバナ国生誕。タバナ国の人々は出石族と呼ばれ、スサノ王系と共に神武東征以前に倭国中原に雄飛。本拠を大和の葛城地方に置き、ニギハヤビの命の長子の高倉下命に発する尾治氏とは同族結婚を重ねている。皇后の父は息長宿禰、開化大王の四代の裔である。

神功皇后は大帯姫と呼ばれヤマトタケルの男の仲哀皇太子の妃となり、現在の下関市長府の忌宮神社の地に下向して新羅熊襲連合軍と合戦。三九一年二月仲哀急死。棺のそばで住吉大神（穴門直践立《あなとのあたいほむだち》）と秘事に及んだ皇后は応神を妊り、十月、大和王朝との決戦を決意

廣開土王碑

仲哀皇太子モガリ

して新羅王に支援を求めるために渡海する。（広開土王碑文参照）、新羅系の熊襲は即日友軍に変質。三九一年一二月一四日、宇美で応神を出誕した皇后は翌三九二年東征してカゴサカ・オシクマの仲哀二王子を破って天下を掌中にする。

応神が成長すると景行大王の孫の品陀眞若王の三人の女を応神の妃に迎え、南は九州から東北まで倭国を掌握した。

四〇八年死去。人質として愛育した百済王子直支の奉献した七支刀にきざまれた「旨」が中国王家の皇后への呼び名。応神は「賛」、仁徳は「讃」。（本文参照）

飛騨の両面宿儺

冬頭大塚古墳（たたる墓）

四二〇年、応神大王崩御三〇才。長子額田大中彦と仁徳の間に後継争いの合戦が突発。仁徳支援勢力は葛城氏・ワニ氏・尾張氏一派。額田支援勢力は尾張連尻調根命。

昭和四五年飛騨高山で未盗掘の円墳「たたる墓（冬頭王塚古墳）」が発掘された。五世紀前半の築造。応神大王下賜で知られる「直弧文鹿角装鉄剣」をかたわらに歯のない老人の白骨と、一四、五才の少年の白骨が現われた。少年は額田大中彦、老人は尾張連尻調根命。

日本書紀では頭が二つ、体が一つの「両面宿儺」と呼

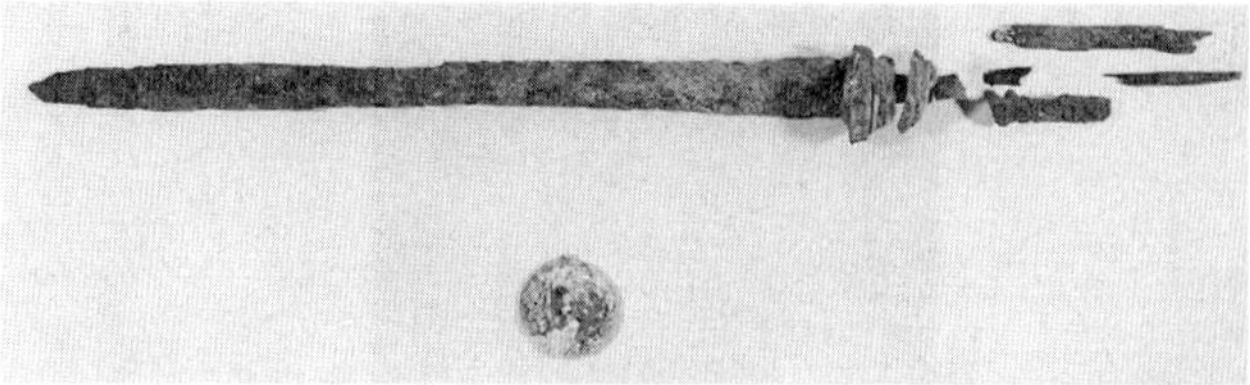

応神下賜　直弧文鹿角装鉄剣

ぶ人民を苦しめる悪の怪物にでっちあげられて登場する。

翌四二一年仁徳は宋に朝貢、時に一四才。額田の白骨も一四、五才。合致。老人は額田の祖母の兄にあたる応神朝の功臣である。

（御批判をお寄せ下さい）

〈特別寄稿〉

タジマモリの神話と忠実

―姿を現わした古代出石族―

鳥海ヤエ子

タジマモリ、常世の国に
中嶋神社提供

西暦紀元前後にタバナ国と呼ばれる国がありました。現在の兵庫県の豊岡市・出石町の周辺一帯と推定されています。

新羅本紀によるとタバナ国はヤマタイ国から一千里の地とあります。古代朝鮮の一里は一キロ。現在の二五〇里です。

このヤマタイ国は九州の北部で、現代の奈良ではありません。ヤマタイ国畿内発祥説はこの事例だけでも崩れます。

このタバナ国に脱解と呼ばれる英傑が生まれ、後に新羅の四代王となります。タバナ国は新羅系の人々が渡海して来て開いた国です。その国の人々は出石族と呼ばれ、後世、古代倭国の巨大勢力に成長した葛城氏はタバナ国の血流です。

脱解は西暦五七年に後漢の光武帝に朝貢。その年に即位して西暦八〇年まで在位しました。倭の奴国王が朝貢したのも、この五七年と考えられます。

脱解は、合戦に敗れて九州の地から新羅に逃がれ、ソシモリに住し、後にスサノ王と呼ばれるに至る倭国王子を被護し、帝王学を教えます。出雲に再起を賭けたときは、物心両面の強力な支援をおくったのではないでしょうか。記紀では天照大神とスサノ王はきょうだいとなっていますが、天孫系の天照大神の弟が新羅に逃がれるはずはないと思います。

十代崇神天皇（大王）は西暦三一二年の三月に新羅の十六代の王の訖解（在位三一〇～三五六）に王子垂仁の嫁を求めています。訖解は脱解王の後裔です。（新羅本紀参照）

一五〇年にわたって天孫系と出雲系の間で展開された「倭国大乱」がほぼ決着したので崇神天皇は政策の大転換をはかられたのです。対決から統一への政策転換です。新羅は王族の「阿飡の急利」の姫を倭国におくって来ました。結婚の儀式は垂仁一五才の三一四年と推定されます。

十代崇神天皇は十一代垂仁天皇の動向から三一八年前後に崩御されたと推断できます。そして垂仁天皇が即位されてから三年目の三二〇年前後に新羅の王子アメノヒボコが倭国に渡来。記紀には垂仁三年来朝とあります。倭国生まれの妻が、ヒボコと不和となり、倭国に帰ってしまったので、これを追って倭にやって来たと神話では伝承されています。その妻は大阪の比売許曾神社《ヒメコソじんじゃ》に祀られています。ヒボコは淡路島を経て近江の息長氏のもとにしばらく滞在し、やがて出石に落着します。

ヒボコは十五代基臨（二九八～三一〇在位）の子か、十六代の訖解（三一〇～三五六年在位）の王子と推定されますが、いずれにしても脱解の血流です。ヒボコは祖先のゆかりの地に落着したのです。この地、出石には脱解の後裔、即ち出石族が健在で、その王族からヒボコは妻を迎え、新羅得意の治水技術を駆使して周辺一帯の開発に成果を挙げたのです。

ヒボコにはタジマモリと弟のタジマヒタカと清彦が生まれました。記紀には四代の後裔となっていますが、これは系図が改ざんされた可能性が強いと思います。

垂仁天皇は三〇〇年前後の生誕で三四三年以前に崩御されています。三四四年に景行天皇が後継の成務一三才の嫁を新羅王に求めて謝絶をされ三四五年に絶交状、三四六年には新羅王都金城を包囲しています。新羅本紀の記述からも垂仁三四三年以前崩御は明かです。

三二〇年に出石に落着したヒボコの四代の後裔が三四三年以前崩御の垂仁天皇につかえられるはずはありません。

念のため、ヒボコと最初の妻との間には一人の御子も生まれておりません。

タジマモリがトキジクのカクのコノミを常世の国に行って持ち帰るように命じられたのは三四〇年前後でしょう。タジマモリは現在の豊岡市の三宅の一帯を開発しました。その力量を買われて、大和の葛城地方に移住を命じられ、弟のタジマヒタカと共に沼地の多い、大和の開発にあたっていたのです。葛城地方は先祖のタバナ国、即ち出石族の後裔の拠点でもあったのです。即ち天孫系の神武東征に先立ち、出雲系の畿内進出の時に、出石族も行を共にしたのです。同時にこの葛城地方は天孫系から出雲系に婿入りしたニギハヤビの命の後裔の高倉下命《たかくらじのみこと》を祖とする尾治氏の拠点でもありました。尾治氏の系図を点検すると出石族系の葛城氏を名乗る女性が尾治氏の嫁になった事実が数多く見受けられます。

タジマモリが豊岡市の中嶋神社に祀られているのは、若き日に、この地区の開発に大きな成果を挙げているからです。

ここで史実の誤りを指摘します。出雲族は奈良で発祥し、後に出雲に追いつめられたように考えている方もありますが、古代の文明は大陸側の日本海側で発祥してとする考えが自然です。出雲族は山陰で興隆し、畿内・関東に進出、倭国大乱に敗れて出雲に追いつめられたのが、その足跡経過と考えます。

さて垂仁天皇の命を受けて常世の国に旅立ったタジマモリはさかまく怒涛を乗り越え、大河をさかのぼり峨々たる高山をよじのぼって、目ざす不老不死と云われるトキジクのカクのコノミを手に入れることに成功します。

常世の国とはどこか？　タジマモリの後裔の三宅祺一郎氏は現在のインドのデカン高原と推定しておられます。

トキジクのカクのコノミとは何か？　橘の木の実です。ただ橘にも多種あり、垂仁天皇陵や中嶋神社、橘本神社に、ゆかりとされる橘の木が現在も茂っています。これは、植物学者の説のような「小ミカン」でも「ダイダイ」でもありません。次項を参照下さい。

苦くて食用には不向きですが、いわば健康食の祖です。有効成分は「抗酸化物質」と「強精物質」と、最近の研究で明かにされています。

タジマモリが帰国すると、垂仁天皇はすでに一年前に崩御されていました。タジマモリの帰国は三四四年と推定されます。

この年は倭国と新羅は一触即発の危機にあり、タジマモリは垂仁の墓のそばで泣死したと伝承されています。あるいは殉死させられたのではないでしょうか。歿年は二五才前後となります。

タジマモリは常世の国から健康を守る果実と樹を初めて日本に持ち帰りました。安全を保てる船は無く、航路は文字通り死の世界であったはずです。

後世、菓祖・果祖とたたえられたのは、その勇と智に対してです。

タジマモリの子孫は三宅氏を名乗ります。天皇の直轄地の屯倉《みやけ》を監理したゆかりによると考えます。膨大な数の三宅氏や児島氏、浮田(宇喜多)氏などはその裔です。

弟のタジマヒタカの後裔は神功皇后・応神・仁徳…雄略…継体の大王（天皇）に

つながります。タジマヒタカの姫の葛城高額媛《かつらぎたかぬかひめ》は開化天皇の四代の後裔である息長宿禰の妻となり、二人の間に生まれたのが大帯姫、即ち神功皇后です。「タバナ国—出石族—葛城氏」「タジマモリ・タジマヒタカ」を探れば、日本の古代史の真実の姿が現われて来ます。

〈特別寄稿〉

「トキジクのカクのコノミ」の謎

鳥海ヤエ子
鳥海　洋（補筆）

トキジクのカクのコノミの樹
（橘本神社提供）

古事記によると垂仁大王九十年に、タジマモリは垂仁大王に命ぜられて常世国に「トキジクのカクのコノミ」を探しにいっている。十年の歳月の後、「トキジクのカクのコノミ」を手に入れて帰国するが、垂仁大王はすでに崩御されており、タジマモリはその墓前で嘆き悲しんで死んだとある。現在「トキジクのカクのコノミ」はタチバナともミカンとも言われている。また、「トキジクのカクのコノミ」を「菓子」の始まりとされ、タジマモリは菓子祖として祀られている。「トキジクのカクのコノミ」とはどのようなものであったのだろうか。諸説を参考に少し考えてみたい。

古くは柑橘類を呼ぶのにタチバナやミカンの区別がはっきりとしておらず、しばしばその両者は混同されている。現在タチバナと呼ばれているものは日本に自生する唯一のミカン属であり、当然、タジマモリが持ち帰ったものは日本自生のタチバナではない。タチバナは万葉集にも歌われているし、源氏物語・徒然草にも記されている。また、古名録・萬葉古今動植物正名・和名抄・類聚名義抄・大和本草・本朝食鑑・和漢三才図会など多くの書籍に記述があるが、現在のところそれがなにであるか特定できていない。

近世の本草学者や国学・国文学者にも諸説があり、契沖・賀茂真淵・狩谷棭斎・平賀源内・小野蘭山・畔田翠山などが言及している。それらの説はダイダイ・ミカン・タチバナといろいろで、真淵はタチバナに食用と観賞用の二種があるとしている。近年の研究でも、はっきりとは特定されておらず、牧野富太郎博士は小ミカンではないかとしているし、白井光太郎博士はダイダイ説をとっている。有用植物の研究者でもある田中長三郎博士は「常緑芳香性果実」で、日本ではダイダイであるとしている。そしてダイダイはヒマラヤ原産で中国では薬用として栽培されていたという説を揚げている。

垂仁大王がタジマモリに「トキジクのカクのコノミ」を探すように命じたのは崩御の数年前あたりであろう。徐福を派遣した始皇帝と同様にやはり不老不死の果実としての「トキジクのカクのコノミ」を探すように命じたのではないだろうか。おそらくは中国・朝鮮から不老不死の果実の存在を知らせる何らかの情報が大和にも伝えられていたのだろう。

タジマモリが出かけたのは現在の済州島であろうと推理する研究者もあるが、済州島では地理的にも距離的にもわざわざタジマモリが船を仕立てて行くことはない。すでに頻繁に交易船が行き交っていた地域である。

「トキジクのカクのコノミ」の原産地としてはヒマラヤ、デカン高原などが考えられる。

タジマモリが持ち帰った「トキジクのカクのコノミ」は、垂仁天皇陵や豊岡市の中嶋神社・海南市の橘本神社に古くから植えられているタジマモリゆかりの橘の木の実から考えても、平たい球形で直径三センチ程度の果実である。酸味が強く、種子が大きくて多い。日本では現在商品としては栽培されていない。橘本神社ではその実を焼酎漬けの健康食品として愛用している。疲れをとり便通をよくするなど、すぐれた効能があるという。有効成分について科学的分析が進むことを期待したい。和歌山の新宮にある徐福が探し出したとされる徐福茶の有効成分は抗酸化物質であるとされている。「トキジクのカクのコノミ」の有効成分も柑橘類のもつ抗酸化物質が含まれているのではないだろうか。タジマモリが持ち帰った「トキジクのカクのコノミ」とは食用の果実でもなく、観賞用の果実でもなく、薬（健康食品）としての効能をもつ果実であろう。関係の神社や垂仁陵に繋っている橘は小ミカンでもダイダイでもない。もちろん日本を原産地とする橘の木とも異なる。

菓祖

古代、菓子とは果実も含まれる。新しい果実をもたらしたタジマモリが菓祖として祀られることは不思議ではないが、ただ物をもたらしただけではなく、人々のこころに大いなる感動をもたらした故に菓祖として祀られているのではないだろうか。さまざまな困難を乗り越えて、命と引き替えに志を遂げた勇気と智恵が人々の魂を打ったのである。物だけで、利だけで、神とはされない。畏敬の念が生じてはじめて神とされるのではないか。

参考文献

日本古代人名事典　吉川弘文館
日本食生活の起源　安達巌
日本の蜜柑　安部熊之輔
本朝食鑑　果部　人見必大

日本食物史　上　桜井秀／足立勇
奈良朝食生活の研究　関根眞隆
つれづれ日本食物史　川上行蔵
朝鮮食物誌　鄭大聲

卑弥呼の食卓　大阪府立弥生文化博物館編
地図とあらすじで読む　古事記と日本書紀　坂本勝監修
上古の倭菓子　山下晃四郎
餅の博物誌　古川瑞昌
お菓子の歴史　増補改訂版　守安正
果物の博物学　渡部俊三
果物と日本人　小林章
中国古代の植物学の研究　水上静夫
果樹品種名雑考　農業技術協会
薬草の由来伝説と薬効　高瀬豊吉

不老不死と薬　石田行雄
橘　吉武利文
世界有用植物事典　平凡社
中国有用植物図鑑　廣川書店
新編原色果物図説　養賢堂
世界の植物　30・31・84　朝日新聞社
日本の野生植物　木本編　平凡社
原色果実図鑑　久保利夫
木の大百科　平井信二
樹木大図説　上原敬二
香酸柑橘Ⅰ・Ⅱ　木村勝太郎／谷中登希男

〈特別寄稿〉

大内氏の祖琳聖太子と生母の謎

板谷　政典

沓古墳

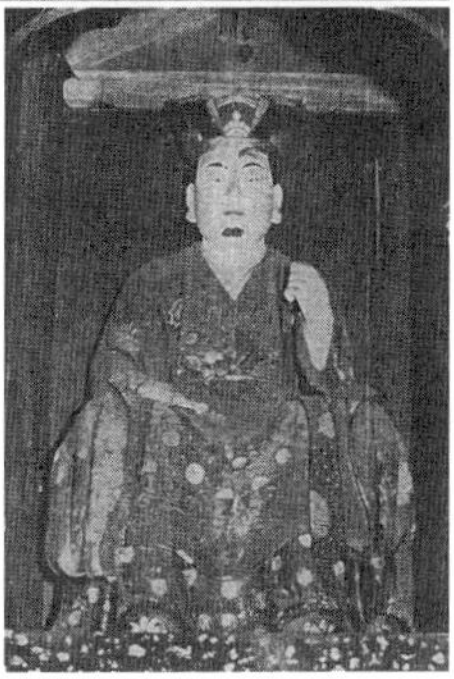

琳聖太子画像

大内氏の始祖とされる琳聖太子とは、いかなる人物であろうか。古伝によれば琳聖太子は百済の第二十六代聖明王の第三王子で、推古天皇十九年(六一一)に、周防国佐波郡多々良浜(防府市)に上陸し、さらに摂津国荒陵(大阪)に上って聖徳太子(五七四〜六二二)に謁し、周防国大内県《あがた》(山口市)を賜ったとされる人物である。大内県とは吉敷郡矢田令、大内村、宇野令、宮野の範囲で椹野川、仁保川、問田川流域地方の盆地である。

聖徳太子に謁した人物はほかにもいる。聖明王の第一王子で、のちに第二十七代目になった威徳王の王子、阿佐《あさ》太子は百済王の特使として渡来し日本に貢物をもたらしたことがある。旧紙幣にうつされていた「聖徳太子像」は阿佐太子が画いたものと伝えられている。

ところで琳聖太子の古里である百済と日本とは、どのような関係があったのであろうか。朝鮮半島の南西部に今から千数百年もの古代に「百済《くだら》」という国があった。

西暦紀元前一八年の建国である。高句麗《こうくり》、百済《くだら》、新羅《しらぎ》の三国鼎《てい》立の時代を「朝鮮の三国時代」と呼ぶが、この中で中国から仏教文化を受け入れて繁栄させ、それを日本にもたらした国が百済である。仏教と漢字を我が国に伝え法隆寺に代表される飛鳥《あすか》文化のふるさとが百済である。また百済仏教は統一新羅や高麗《こうらい》の仏教にも大きな影響を及ぼしている。

この百済は北の高句麗《こうくり》と東の新羅《しらぎ》と歴史的な対立をし、そのため日本には至って親近的で、経済、文化、また軍事的にも深密な同盟的な関係をもっていた。おそらくは日本の皇室の出自に関係ありと見られる。特に二十六代目の聖明王は、わが国に仏像や仏典や漢字を伝えた人として知られている。宣化天皇三年(五三八)に聖明王が仏像と経典を朝廷に献上したとされている。日本ではこれを「仏教の伝来」といっている。「北辰妙見菩薩霊応編」(天明六年)には「三年ヲ経テ三月二日ニ百済国ノ聖王來朝ス、太子ヲ日本ニ留メテ正法ヲ修行シ云々。」とある。ただ聖明王来朝説は疑わしいのだが――。

当時は古来伝統の神道、神祇《しんぎ》祭祀を司どる物部《もののべ》氏と、新しく渡来した仏教を進んでこれを信仰し仏教の受容を主張する蘇我《そが》氏が対立していたが、やがて蘇我氏が物部氏を打倒して権力を握ると仏教は急速に広まった。

次いで推古天皇の摂政《せっしょう》となった聖徳太子は仏教に深い理解をもち、法隆寺の建立や〈法華経〉〈維摩経《ゆいまきょう》〉〈勝鬘経《しょうまくきょう》〉の三経典の著述などを行って仏教を保護し奨励をした。聖徳太子は幼少より賢明で仏教を高句麗僧の恵慈《けいじ》に学び、外典を博士覚哿に学んでいる。六〇四年に制定された「十七条憲法」の第二条にも「篤《あつ》く三宝を敬え」と説き仏教の理念を基とした新国家の建設を目指した。

伝承によれば、この仏教の理念を基にした聖徳太子の新国家建設を助けるために来朝したのが琳聖太子で、大内県《あがた》を采邑に賜って居住し仏教興隆に力をつくし興隆寺（山口市大内氷上）などを創建したといわれている。

歴史には百年毎の「区別」と五百年毎での「区切り」があるといわれるが、聖徳太子は六二二年二月二十二日に没したが、歴史はその時代に必要とする指導者を生んでいる。聖徳太子の生れ代りが弘法大師といわれているのも歴史上のＤＮＡであろう。

一方、琳聖太子の古里である百済は六六〇年に新羅・唐の連合軍に滅ぼされるが、後裔が王子を奉じて抵抗し、我が国は百済の救援に応じて大軍を送ったが六六三年「白村江《はくすきのえ》の戦い」で大敗した。このとき敗走する日本軍に従って約二千人の朝鮮人が日本に亡命したと「日本書紀」は記述している。

琳聖太子を祖と仰ぐ大内氏の跳躍

ところで琳聖太子を祖と仰ぐ防長の名族、大内氏は中世以来から栄光への道を疾走し西国一帯を制圧する武威と財力に、ものをいわせて豪華絢爛たる文化都市「西の京」を山口に創建した。古代の周防・長門(山口県)は中央から遠く離れた本州の最西端に位置する辺境の地にすぎなかった。この地にあって大内氏は李氏朝鮮や明と盛んに貿易や文化の交流を進め、室町時代に黄海及び東シナ海を中心とした、一つの経済圏と文化圏を構築していったのである。

二十一世紀はボーダレス(国境なき)の世界と「地方が主役」の「地方分権」の時代といわれるが、大内氏時代にはすでに中央から独立し、周防・長門に「地方分権」や「国際化」を実現していた、とする見方もできよう。

大内氏は折にふれて、祖先が百済の聖明王の第三王子の琳聖太子であることを、しきりに主張していた。朝鮮との交流が軌道に乗ったころ、第二十五代大内義弘は応永六年(一三九九)に大使を朝鮮に遣わして「琳聖太子の後裔説」を持ち出し、朝鮮のために賊党(倭寇)を掃蕩せし功を強調し、わが祖先は百済国より出ずるを以って百済の土田を給わらんことを請うた。このことは当時の朝鮮政府内に一大論議を湧かせたが、李朝からは百済ゆかりの土地の割譲は拒否されている。

しかし、対鮮貿易は優遇され、また対明貿易も盛んとなって大内氏の占めた利益は莫大なものであり、西国を席巻する大名として確固たる基盤をきずきあげていった。

大内時代は辺境の防長の歴史の中で最も華やかな一時期であった。それは政治や経済、文化また大陸外交においてもそうであり宗教心の湛えられた時代であった。そして、それらのことは大内氏の祖の琳聖太子にかかわる数多くの伝説を、防長の各地につくり出すことになった。それは数えて凡そ百に達し、防長二国、旧十一郡のうち大島郡を除く十郡に広く分布している。

琳聖太子母妃渡来の伝承

ところで山口県厚狭川の流域には琳聖太子の母君、すなわち百済の聖明王の皇后が渡来して薨去したという古伝がある。琳聖太子が来日し周防国大内県を与えられて、そこに帰化永住したのは推古十九年(六一一)であるが、その四年のちの推古二十三年(六一五)に琳聖太子の母妃は、わが子琳聖に会いたい一念で百済の港から舟で玄海灘をわたり周防国に向った。舟はやがて瀬戸内海に入ったが、当時、白江の浦と呼ばれていた厚狭川の沖まできたとき舟の楫《かじ》が折れてしまい、これ以上航海を続けることが出来なくなった。なお楫が折れたのに因んで、この土地を「梶《かじ》」と呼ぶようになった。

そこで海浜の岩に舟をつないだ。これは四つの岩が重なり合ったもので土地の人は「ぼうだいの石」と呼び満潮の時でも海に没しないので、人々はそれに神秘奇異の念を抱いていたという。母妃は上陸してその石にて休憩した。それからはその石を影向石または皇后岩と呼んでいる。「影向」とは仏教語で「仏がこの世にその姿をあらわしたこと」をいい母妃は神仏的存在とされたのではあるが、皇后岩とは「皇后《こうごう》」と同音の「河郷《こうごう》」または、「交媾《こうごう》」と関連を持つ意味だという。なお、それは推古二十三年(六一五)の四月中ノ牛ノ日であったということで、その母妃の着岸の日にちなみ、この地の鴨神社は、この皇后岩の神幸をいとなむ行事を永く継続した。

母妃が上陸した時は夕闇のせまるころであり、そして見知らぬ異国でのことである。不安の念にかられながら宿泊の場所を探しているうちに今の恵比須社にめぐり合うて一泊しこの社に祀る観世音菩薩に守られて恙なく一夜をすごした。この観音像は社伝によれば平城天皇の大同二年(八〇七)に奇瑞により海中から得られたもので、この仏を念ずる者は病即消滅、抜苦与楽の福徳が与えられると信じられていた。一行は終夜その化現の加護を得たわけである。なお母妃の着岸に因みこの地を宮崎と名付けたのだと伝えられている。

夜が明けると母妃は厚狭川に沿って上流に向った。舟による周防への旅が不可能となった今は山陽道に出て、それから陸路によってわが子琳聖の住所に赴く思いであったのであろう。往くこと約六キロ、今の町の中心部の加茂川橋のたもと枕流亭の窓の下の水際に、大きな岩があるのを見付けて休息した。そこでこの石も、やはり皇后岩と呼ぶようになった。そして琳聖母妃をまつる鴨神社の神幸の対象になったことも、先の「梶浦皇后岩」と同じである。

再び二日目の夜が訪れたので、母妃の供たちは付近から前年に刈った麻がらで仮屋をつくって宿った。この地には麻が多いので厚狭《あさ》の地名が出来たとの説もある。ところが翌朝起き出てみると母妃の履《くつ》がない。ほうぼう捜して結局さらに上流の方で発見した。そこでその土地を久津《くつ》(今は沓《くつ》)と呼ぶようになったという。履《くつ》が川上に向って流れて行くということは一見不自然のようではあるが、当時は瀬戸内海の水位が今よりも高く（十八尺ともいう）それで厚狭川口は大きな入江になっていて、満潮の時にはこの沓《くつ》部落まで海水が上ってきていたのである。厚狭川に沿った下津、広瀬、河東《かとう》（今は加藤）、江尻などの地名からおしても古昔はかなり現在とは異なる地形であったと推定すべきであろう。

履物が沓に流れついていた、という事実によって母妃はその地に永住することを決心した。そして母妃はここに宮居をつくり、琳聖太子からの度々の招請にも応ぜず、琳聖と会わんがための長途困難な渡海来日であったにも拘らず、終生この地を離れなかった。このことは「履《くつ》」が流れついたことに人間の力と意志とを超えたもの、すなわち神仏の天命を信じる思想があったことを示している。そして母妃が「厚狭の地」から一歩も外に出なかったということが、厚狭以外にその伝説が生まれなかったという証明になった。「鴨社略縁起」によれば「皇后（母妃）御在世の間は太子（琳聖）年毎に三五度も音信給ひ、防州へ遷し奉るべき由ひたすら御願ひありしかども、皇后肯ひ給わで終に此所にて崩御成らせ給ふ、御歳七十二歳、舒明天皇三年(六三一)辛卯六月十八日にこそおわしましける」とある。

世寿七十二歳での母妃の薨去は当時としては長寿であったと思われる。母妃の遺形はその宮居の地に葬られたという。その沓古墳は厚狭鴨庄より沓に通ずる道が美祢線と交叉する踏切の北百米の田の中にあり、封土は流れ周囲もけずられて羨道の一部は崩壊、組石も一部露出している。しかしこの円墳の存在こそが琳聖母妃をこの地に結びつけたのである。

「鴨社略縁起」には「田の中に陵有り、今に伝えて明神原と号す、人知らずして登れば必ず祟りあり、恐るべし尊むべし」とあって、ここがまた鴨神社発生の地となっている。

琳聖母妃の随行者

いやしくも百済国の王の皇后であり琳聖太子の母妃が一人旅で来日したとは思えない。当然お供の面々がなければならない。

「鴨社略縁起」ではそれについても記載している。その随行者の一人に王魯原がいる。彼は宮居の壁を萱でつくったので「萱壁」(今は茅壁) の姓を名乗ることになり、また張公英はその宮居が厚狭川河辺にあるのに因んで「河村」とし、李良粛は鶴の一群が御殿の前の田におり立ったので「鶴田」と命名し、杜右富は母妃の宝鏡を預り持ったので「鑑野」とし、楊安松はその名をとって「安松」にとそれぞれ日本名に改めている。また壱岐の島から母妃に随行してきた者には、そのまま、「壱岐」の名を称せしめたという。そして、その家々では、ずっと長く今日まで供奉の人々の子孫として厚狭の地に永住し、鴨神社の御神幸のお供をしている。江戸時代の記録もあるし、昭和三十二年の御幸祭（二十五年毎）にも供奉者の家を代表して鶴田家の当主と茅壁家の当主が、それぞれ乗馬で御神幸の列に加わられた。なお口碑によれば、これらの家々は母妃亡きあとは大内氏の家臣となったが、その大内氏滅亡の後は、節を固く持して毛利家に仕えることを肯んぜず帰農して平民になったのだという。

琳聖太子一族を祭神した鴨神社の謎

母妃が薨じて一世紀半、桓武天皇の延暦七年（七八八）に「沓」に神祠を建立し、母妃の護持する十一面観音像（四尺八寸）を中央に、磐船（実は百済から将来の銘石）と宝鏡とを左右に祀り「百済皇后」と称し信仰したという。その社の位置は明らかではないが、観音像を祭ったことは神仏混淆の当時において不思議ではなく、また琳聖太子の守護尊である妙見星の本地が、多くの場合観音（または薬師仏）であったから母妃の守護仏として度々観世音があらわれ給うのも当然なのである。

ところで聖明皇后を祀って十数年を経た大同三年（八〇八）の四月、一つの奇瑞がおこった。すなわち白い鴨が二羽、雲間より飛来して社に入り、農民が射おとそうと騒ぐうちに姿を消したが、その夜、母妃の供奉者の家の者は一様に霊夢を見た。その白い鴨のお告げに「我らは京都の下上大明神なり云々」とあり、一同つつしんでその分霊を勧請しおまつりしたという。

そこで鴨神社の祭神は次のようになった。主神として中央に下・上の鴨大明神二柱、そして、その左右に百済聖明王、聖明王妃（宝鏡をまつる）、北辰妙見（琳聖太子）、琳聖太子妃および苦労大権現（銘石）、十一面観世音の六柱を祀った。したがって延暦七年の三体に対して、聖明王と琳聖太子夫妻の三者が加えられたわけである。数多い琳聖伝説の中で、太子妃が登場するのは厚狭の鴨神社に特有の事例であり、また聖明王を祭神とする例もまた珍らしい。

なお推論すれば、この社に聖明王妃が祭られ、のちに鴨大明神を迎えまつったとする説は恐らく逆であろう。すなわち加茂大明神をまつる社がまず存在し、その後に聖明王妃等を合祀したと考えるべきである。「加茂注進雑記」によれば「寛治四年(一〇九〇)厚狭庄公田三十町を御供田として加茂社に寄進した」とある。京都加茂社に対する信仰と寄進が、長く厚狭の地を同社に結んだ事実は江戸時代まで当地を加茂庄村と称し、今も「鴨庄」の地名があることによっても証せられるが、ともかく鴨神社に関する歴史は相当に古く長いものとせねばならない。そして琳聖太子やその母妃についての信仰は、大内氏が成長発展し大陸貿易を独占する構えを見せ、琳聖を祖とすることを強調するようになって、はじめて盛んになったのであるから、おそらく十四世紀より以前に遡ることはできないと思う。ただここで問題なのは京都の加茂神社の分霊を主神として祀る厚狭の鴨神社に、なにびとが琳聖太子一族を合祀したのか、また何故に当地にのみ母妃や太子妃という女性が登場して来たのか、いまだに謎である。

鴨大明神　　　　　　　厚狭村

一御殿　桁行貳間貳尺六寸梁行貳間壹尺四寸三ツ斗造り、流破風二重垂木檜皮葺

一向拝　三ツ斗造り、拝殿桁行三間梁行貳間半

一釣屋　桁行三間梁行貳間半瓦葺之事

一御除高四石九斗七升六合

祭神八座

左　十一面觀世音宮　皇后持尊佛刻

　　　　　　　　　　佛家二稱本地者

左　苦勞大權現宮　是皇后御持來之

　　　　　　　　　銘石也奉稱磐船

左　百濟聖明王宮　　琳聖太子之椿府也
左　鴨大明神宮　　神日本磐餘彦尊
　　　　　　　　神武奉稱御祖皇大神宮
右　賀茂大明神宮　　天津彦々火瓊々杵尊
右　百濟皇后社　　百濟聖明王之后
　　　　　　　　奉稱大明神御持來之丸鏡
右　北辰妙見宮　　先年薨玉フ琳聖太子之
　　　　　　　　御事大内家之元祖也
右　琳聖太子后妃宮　　一ニ八姫宮ト云一ニ八
　　　　　　　　龍神ト云皆俗説也
祭日　九月九日より十日
同境内

一観音堂

但桁行壹間五尺五寸梁行壹間四尺貳寸三ツ斗造茅葺、建立之年月同斷

本尊　觀世音菩薩　開帳佛

此観世音之儀は百済國聖明王之御后御持佛ニテ琳聖太子日本之御渡海之御跡を慕われ、觀世音諸とも來朝有し靈佛と申傳候事（防長風土注進案）

鴨神社の琳聖太子一族に対する祭事は、毎歳鄭重に奉修せられていたが、明治維新後に新政府がいち早く公布した大教宣布によって外国人を神として祀ることは「国体と神道の宣揚という立場からふさわしくない」と考えられ、ここに祭神の座から除かれることとなった。従っていま、鴨神社の祭神は鴨別雷神と玉依姫命、鴨建角身命、素盞嗚大神、大名持大神、天穂日命、大山咋命、神日本磐余彦命の八座である。しかし数世紀に及ぶところの鴨神社と琳聖太子母妃との因縁は、きわめて深いものがあり、先述のように最新の御年祭においても、供奉家の子孫の神幸への

随行がおこなわれたのであった。

なお鴨神社にまつられていた母妃の守護仏の十一面観音は神仏分離令以降は、その社坊であった当地の大福寺に移安され母妃の命日に当る六月（今はひと月おくれの七月）十八日を縁日とし、その前夜の十七日に十七夜のお祭りが修せられている。そしていま注目すべきは、琳聖太子母妃の薨去の六月十八日と観音菩薩の御縁日が一致しているという不思議である。そして琳聖太子と北辰妙見信仰が固く結びついたのは何故か。太子来日に先立つこと三年、北辰尊星がその守護のため「下松」に降臨して、七日七夜を光り輝やいたという伝説は有名であるが、大内氏は北辰妙見（北辰星を神格化したもの）を祭ることに、まことに鄭重なるものがあった。さきに厚狭の鴨神社に琳聖太子の神霊に代えて「北辰妙見」を祀ったことを記したが、北辰菩薩すなわち琳聖太子ともなったわけである。

琳聖太子最後の謎

百済から渡来し周防国多々良浜に来て、さらに聖徳太子に謁して大内県に居住したといわれる琳聖太子は、その後どのような最後を送ったのであろうか。

現在の防府市右田にある大日古墳は七世紀に築造された前方後円墳で、全長約四十二メートル、後円部に横穴式石室があり、その中に凝灰岩製の家型石棺が置かれている。この大日古墳が地元では琳聖太子の墓と言ひ伝えられている。また山口市御堀の乗福寺には供養塔が残っているが、琳聖太子の実在を証する史料は見当たらない。

「大内譜牒」によれば「琳聖居住の地、治乱記の外に言延覚書に、来朝したまひて大内寺に御住居ありし故に、多々良氏大内殿と申し伝へしなり、其後また乗福寺へ御移り、今に其古跡大内寺と申所御座候とあり、また異本義隆記に、琳聖はじめ大内寺にありて後に乗福寺に移り、ここにて死し、其後胤系図或説の如く大内畑に在しなるべし。大内寺の旧址知られず、蓋乗福寺と興隆寺との間の山に在しならむ。乗福寺後の山下に琳聖の墓あり、十三重の塔婆なり。傍に本寺開基重弘の墓あり、もと門前にありしを明治八年今の地に移せり。寺僧にたづぬるに墓下には何もなかりしと云ふ。また佐波郡高井村に琳聖太子の墓とて古墓あり。いはゆる土饅頭形にて南面に口あり、石をたたみて窟とす。窟中に幅二尺九寸余、高一尺九寸余の石棺を安置す。其さま推古天皇御代の陵制にかなへり。殊に此村、郡はたかへれど大内畑にとなりたれば琳聖の墓にあらじとも定めがたけれど、また琳聖の墓なりといふ証もなし。」とある。

琳聖太子の渡来の謎、太子母妃の渡来の謎、琳聖を祖とする大内氏の謎、死去して厚狭の鴨神社に祀られたることの謎、琳聖の墓の謎など、歴史学的な解明にはかなりの調査と時間を要すものと思われる。

結語

中世の西日本の覇者大内氏の初祖とされる琳聖太子は、西暦六一一年に来朝して聖徳太子に謁し、周防の地に所領を与えられたのが始まりとされている。

百済や中国の交易の拠点として、現在の防府あたりの港の管理をゆだねられ、古代の中国、朝鮮の先進文明を輸入し、文化を持ち込む中心的な役割を命じられていたものと推定される。

その当時の古代にあっては輸入するものはハード、ソフトを問わず千差万別にわたっていたが、その代価としての後進国の日本から輸出できたものは何んであったのであろうか。

最近の研究によると、常緑高木の「楠《くすのき》」の加工製品ではなかったかという説がある。

楠は香気があり「樟脳《しょうのう》」も採取《さいしゅ》され、死者の棺桶や木造船の材料としても、当時の日本にとっては最高の特産物であった。特に周防は大森林を所有し、多数の加工職人をかかえた大生産地であった。

日本に仏典を伝えたことで知られる百済二十六代の聖明王（在位五二三年―五五四年）は、西暦五五四年の秋七月に新羅の管山城攻撃を計画し、自《みずか》ら歩騎五千を師《ひき》いて夜、狗川《くせん》に進軍した。新羅側は前もって、この情報を得ていたので、兵を伏せて聖明軍の到着を待ち受けて急襲し、乱戦の中で新羅の金武力軍の副将高于都《こううと》の斬込みを浴び、聖明王は名もない新羅兵に斬殺された。

二千数百人の百済軍は阿鼻叫喚《あびきょうかん》の中で討たれ「兵も馬も故国に帰った者なし」と伝えられている。

琳聖太子は、この聖明王の第三王子と伝承されているが、これは明らかに誤説である。

聖明王が即位した五二三年前後に琳聖が生誕したと仮定しても、六一一年の来朝時には琳聖太子は八十八歳前後の老齢となる。仮に聖明王死去の五五四年の生誕としても六一一年には五十七歳を数えることになる。

聖明王前後の百済王を検証してみると

二十五代武寧王（蓋鹵王の王子）
即位五〇一―退位五二三在位二十三年

二十六代聖明王（武寧王の王子）
即位五二三―退位五五四在位三十二年

二十七代威徳王（聖明王の王子）
即位五五四―退位五九八在位四十五年

二十八代恵王（威徳王の王子）
即位五九八―退位五九九在位二年

二十九代法王（恵王の王子）

即位五九九—退位六〇〇在位二年

三十代武王（法王の王子）

即位六〇〇—六四一在位四十二年

三十一代義慈王（武王の王子）

即位六四一—六六〇在位二十年

三十二代王豊（義慈王の王子）

即位六六〇—六六三在位四年百済亡ぶる

右の歴代王の実年代を照合すると、琳聖太子は恵王の王子と見るほかはない。恵王の父の威徳王は在位四十五年の長きにわたるので、そこから恵王の即位した時の年齢は四十五歳を超えていると考察される。

琳聖太子が聖明王の子としても、威徳王の子としても年代的に無理があり、二十八代の恵王が、まだ若かった時代に出誕した男児として見るとき、始めて年代的に適合するのである。

琳聖太子は「聖明王の第三王子」ではなく**「聖明王の三世後裔の王子」**とするのが真相である。

即ち二十九代法王の兄弟であり、法王は五九九年に即位したが、その即位した時の年齢は二十六歳前後と推断され、そこから兄弟であった琳聖太子が、日本に来朝した六一一年の時の年齢は三十六歳前後と考えてもよいであろう。法王の兄か、弟かは定かでないが、ほぼ同年齢に近いと推理しても大きな間違いはあるまい。

さて、琳聖太子の来朝の実在と実年代を裏づける証拠となるものが、厚狭《あさ》（山口県山陽小野田市）に伝わる琳聖太子の生母の伝承である。

琳聖太子の生母は、琳聖の後を追って六一五年に長門の厚狭に流れついた。その時の年齢は五十六歳、それから厚狭の地から一歩も出ず、十六年間を厚狭の沓《くつ》で暮らし、七十二歳の西暦六三一年の六月十八日に客死したと生母を神として祀る地元の鴨神社に伝えられている。

厚狭地区では、生母は深く敬慕され、円墳が現在もなほ現存し、触れるものには祟りがあるとして、今日まで大事に守られてきた。

さらに、生母のお供をして百済から来朝した臣下の後裔も、平成の現在でも多数現存をしており、伝承を大切に伝えて来ている。

それらの事実からしても琳聖太子の実在も、琳聖の百済王子説も、さらには語り伝えこられてきた生母の足跡も、死歿時の年齢も、ほぼ信ずるに値いするだけの重量感を備えている。

生母の七十二歳歿年を基底に計算すると、生母の生誕は五五九年となる。これまでの伝承によれば、生母は聖明王の皇后とされているが、生母の配偶者たる聖明王が悲劇の死を遂げたのは西暦五五四年のことで、従って皇后が生まれたときは、すでに聖明王は死去しており、聖明王と皇后とは全く別の時代の人となってしまう矛盾が生じている。

当時の朝鮮王家の妃が嫁ぐのは十五歳から十六歳が通例となっていたことから、嫁ぎの年号は五七五年前後と推定される。その年に夫君として該当する百済王は、後《のち》になって王位につく第二十八代恵王のほかにない。

古伝によれば、生母は周防に安住した琳聖太子から、年毎に三十五度《たび》の移住を招《しょう》聘《へい》されたにもかかわらず、謝絶して厚狭の地から動かなかった。

おそらく、その背景には厚狭の領主であった鴨氏系（ヤタガラス後裔系）から、当時の沼の荒地であった厚狭鴨の庄の開発に、先進国百済の高度な土木技術の指導を熱望され、生母の供人たちの永住を求められたからであろう。

供奉の人々の中には王魯原（日本名茅壁）張公英（日本名河村）李良粛（日本名鶴田）などの優秀な土木技術者がいた。彼等は生母の宮居の敷地を造成し、宮居そのものを建設した実績を持っていた。

生母は周防の琳聖太子のもとに移って、わが身の安楽な生活を求めるよりも、生死を共にした供人たちの幸せを願って、厚狭の地から出ることはなかったのであろう。

ここに、生母の清らかで崇高な神の心を拝することが出来る。

そもそも、琳聖太子と、その生母が危険を冒《おか》してまで何故日本に来朝し帰化したのであろうか?

琳聖太子来朝の六一一年の頃の百済王は第三十代にあたる武王であった。名前の通り、合戦が飯より好きで、新羅、高句麗を相手に明けても暮れても合戦をくり返していた。叔父《おじ》にあたる琳聖太子にも出動命令が絶えず発せられ、当時は合戦を好まない人物は排撃される風潮の中にあった。

平和を望み、文化を愛し、夢を世界の交易に賭けていた琳聖太子は、志を求めて聖徳太子のいる日本に渡って来たのであろう。

百済王家の中で琳聖太子は平和愛好型の特別な人物だったが、大内氏の系譜をみると、好戦の遺伝子を受け継いだ戦争好きの領主が連続して、ずらりと系図をつないでいる。二十四代大内弘世をはじめとして二十五代義弘、二十六代盛見、二十七代持世、その弟の持盛、二十九代政弘、三十代義興――などの百済王からの好戦の血が大内氏に受け継がれている。

ただ一人、琳聖太子の平和指向のＤＮＡを受けついだ後裔は、悲運の文化武将大内義隆のみであろう。

「文」の反対語は「武」であり、両方を合わせると、日本の武士道である「文武両道」となる。「武化」とは武力を使って国を治めることであり「文化」とは武力を使わないで文化で国を治めることであった。

大内義隆は、後者の文化芸術をもって治めようと努力した文治派であるが、部下の武断派の陶晴賢によって滅亡した。のろわれた戦乱の時代にあって、平和を愛し、文化を愛する武将が生きられる余地はなかったのである。

ここで問題なのは、京都の賀茂神社の祭神を分祀する厚狭の鴨神社に、なにびとが琳聖太子と母妃や太子妃を合祀したかである。

その差配者は、まちがいなく大内義弘であろう。

合戦のために生まれて来たと云われた猛将義弘は足利将軍義満の手足となって戦乱の世を駆けめぐり、若くして七カ国の太守となるが、恐怖を抱いた義満の策謀にかかり、泉州堺に攻めのぼって凄絶な死を遂げる。世人は日本一の豪の者とたたえた。義弘は朝鮮王に血縁を説いて所領の分与を求めているが、その下工作の一つとしての合祀ではあるまいか。以上の推論について歴史研究家の方々の検証と御啓示を仰ぎたいところである。

終わりに、本稿の執筆にあたっては山陽小野田市教育委員会元山陽分局長時恒美氏の御好意によって郷土史の史料を使わせて頂きました。また大内文化研究会会長山本一成氏、歴史研究家の野村時信氏、鴨神社宮司目有文《さつかありぶみ》氏からは、貴重な文献と資料と御教示を賜わり、また竜三《たつみ》建設会長金林三龍氏からは、新羅、高句麗、百済の類を見ない無尽蔵の論考と学識を学ばせてくださり、また叢文社会長で歴史家伊藤太文氏からは瞠目すべき考察と推理の御指導にみちびかれて、まとめることが出来ました。以上の方々の御協力を深く感謝し、心から御礼を申し上げます。

平成十八年十二月吉日

文責　板谷　政典

百済国王系図

- 25代 武寧王
  - 26代 聖明王 ＝ 妃
    - 27代 威徳王 ── 阿佐太子
    - 28代 恵王 ── 29代 法王 ── 30代 武王 ┆
    - 琳聖太子 ┆ （大内氏）

大内氏略系図

文政二年（一八一九）平佐忠之、津野敏之共著「大内盛衰記」による

始祖 琳聖太子 ── 琳龍太子 ── 阿戸太子 ── 世農太子 ── 世阿太子 ── 阿津太子 ┆ 初賜多々良姓 正恒 ── 九代 藤根 ── 十代 宗範 ┆ （大内氏）

参考文献

山陽史話　第一輯　山陽町教育委員会　昭和四五年二月
山陽史話　第二輯　山陽町教育委員会　昭和四六年十月
山口県人　古川　薫　新人物往来社　昭和四八年五月
目で見る大内文化　山本一成　大内文化研究会　平成七年六月
歴史随想　大内文化　山本一成　大内文化研究会　平成八年九月
大内氏實録　近藤清石　マツノ書店　昭和四九年一月
大内氏史研究　御薗生《みそのう》翁甫《おうすけ》　マツノ書店　昭和五二年二月
防長風土注進案　第十六巻　吉田宰判
山口県文書館編集　山口県立山口図書館　昭和三六年三月

新視座　日本誕生史

―実年代と史実―

伊藤太文（歴史研究者）

古事記・日本書紀に記された日本の建国年は八〇〇年近く、実態よりも逆のぼらせてある。真実は西暦一三五年前後（論拠後述）であるのに西暦紀元前六六〇年としてある。何故そうしたのか？

日本国、即ち古代の倭国は天孫系が統治すべき国。そのための大義名分を確立する必要があった。紀元前二一六年頃、中国江南の地から渡来した徐福一行よりも、天孫系が倭国開発の先進者とする必要があった。天孫系よりも一足さきに倭国の中原を制覇したスサノ王系や出石族系（タバナ国）よりも、先んじて開発の手を染めていたことにする必要があった。

記紀はさまざまの手法を用いている。あるいは真実を封印し、あるいは異世代の人物を同世代としたり、さまざまの系類の人物をきょうだいとしたりしてもいる。

「古代大王家と閣僚たちの頭脳は現代の政治家たちに創造性において勝るとも劣らない。」

天孫系からスサノ王系（出雲系）に婿入りしたニギハヤビの命を誇大に評価して義兄の長髄彦《ながすねひこ》がニギハヤビに臣従していたかの如く記しているのも、その手法の一ツである。古代の天皇八代を欠史にしたのは、たとえ、一項目でも事項を書きのこすと、化けの皮がすぐにはがれるからである。はがれてはまずいところは、すべて神話の中に投げこんである。どこの国でも、建国神話は、そのような性格のものであろう。神話には神話としての価値がある。しかし、歴史家が神話の世界で眠っていることは許されない。

起点

古代史の真実を究明するには、まず、歴代の古代大王（天皇）の実年代を明確にする必要がある、古代史の世界は今や珍説奇説の洪水の世界。あたら英才たちがエネルギーを限りもなく空費している。

解決のキーポイントは古代歴代大王の実年代の明確化。そこから出発するほかはない。

そのためには、まず確実なる起点となるものを探し出す必要がある。その起点をなすものを、筆者は「神功皇后《じんぐうこうごう》の新羅《しらぎ》出兵三九一年一〇月説」と「応神大王生誕三九一年一二月一四日説」と考える。

記紀に記された神功皇后の荒唐無稽の新羅出兵物語の背景真実を究明できず、多数の歴史家が、戦後、神功皇后非在説を唱えて来たが、これは後世、嘲笑されること確実の愚説である。

宋書倭国伝によると倭の讃は四二一年に武帝に朝貢している。讃はさらに四二九年、司馬曹達を遣わして太祖に方物を献じた。そして四三〇年、讃が死んで珍が立つ。次は西暦四四三年、済が奉献。西暦四五一年には済が死んで興が貢献。次は世祖の四六二年に興が貢献。

最後に興が死んで弟の武が立ったとある。有名な武雄略の上表文は四七九年、順帝に奉った。

さて、四二一年朝貢の讃は仁徳か履中か反正かで、長年にわたって論争が続けられた。

ズバリ云って讃は仁徳以外ではあり得ない。

理由は簡単。最後の武が雄略であることはすべての研究者が一致している。問題は武の前の興である。多くの学者はこの興を一人と勘ちがいしている。四五一年朝貢の興は允恭、四六二年の興は安康である。安康は即位三年で眉輪の王に暗殺されているから一〇年さかのぼる四五一年朝貢の興と同一人物であるはずがない。興が二人なのに一人としたことに諸悪の源がある。ここを正してさかのぼると讃は仁徳に落着する。即ち讃仁徳、珍履中、済反正、興允恭、興安康、武雄略である。五王でなく六王である。宋書はまた倭の五王の親子兄弟関係を誤記している。珍（履中）は讃の弟としているが珍履中は讃仁徳の世子である。

また西暦四五一年、済が死んで世子の興が貢献とあるが興允恭は済反正の弟である。即ち珍履中、済反正、興允恭は兄弟である。興安康は興允恭の世子。武雄略は興安康の弟にあたる。

外国文献と国内文献のいずれを軽視しても真実は見えない。両者を公正に点検して、その背後の真実を洞察する眼力を必要とする、と云える。

さて四二一年に宋に朝貢した仁徳の祖母にあたる女性が子供の生める一五才から三〇才までの年代の範囲内に倭国が新羅を攻めた史実があるか。キーポイントはここだ。

朝鮮史料には倭軍が新羅に攻め寄せた史実が数多く書き残してある。新羅本紀を参照して、海賊程度の襲来はのぞき、国家規模の攻撃の史実をひろって見る。

二三二年の新羅王都金城包囲。続いて二三三年の攻撃。二四九年、二七〇年、二八七年、さらに二九二年、二九四年、三四四年、三六四年。そして高句麗の広開土王碑にある三九一年――倭が新羅百済を臣民にした――に、つながる。

該当する範囲内では、三六四年と三九一年の二件のみに限られる。しかし、三六四年の出兵は除くほかはない。その理由は倭軍が大敗全滅と記録されているからである。さらに仁徳の後に履中、反正、允恭の三兄弟が即位、親子相続の原則が破れているのは、仁徳の若死にとその子の履中、反正の二人が若死にしたことの証拠となるが、三六四年の出兵が神功皇后の三韓出兵とすると若死にが成立しなくなるからである。

結局、仁徳祖母の新羅出兵は広開土王碑文にある三九一年が、唯一、該当する。

「百済・新羅は、旧《もと》是れ属民にして、由来朝貢す。而るに倭は、辛卯の年を以って来りて海を渡り、百残・□□・新羅を破り、以て臣民と為す」

この一文はいささか出兵の背景実態とかけはなれている。高句麗の新羅百済出兵の大義名分のために、明らかに誇張されている。後述する。

さて仁徳の実父は応神。仁徳の祖母は神功皇后である。神功皇后の新羅出兵は仮空の物語ではなく三九一年に実際に実在した事件である。ただし記紀に記してあるような荒唐無稽のものでは、もちろんなかった。

ここで特筆大書すべきは、この広開土王碑に刻印された三九一年の倭の出兵こそ神功皇后の新羅出兵であり、日本古代史の実年代を探る上での貴重なる「起点」となるものである。

神功皇后はアメノヒボコの男《むすこ》のタジマモリの弟のタジマヒタカの子孫。ヒタカの女《むすめ》が葛城高額比売。その夫君は開化大王の四代の後裔の息長宿禰。二人の間に生まれた女が神功皇后である。即ちアメノヒボコの四代の後裔が神功皇后である。ところが記紀に記された系図では七代の後裔になっている。アメノヒボコと、タジマモリ、タジマヒタカ兄弟との間に、存在できるはずもない三人の名が記してある（論拠後述）。記紀に合致させるために系図を改ざんしてあることは明かである。これは他の古代氏族の系図にも見える。

神功皇后は仲哀皇太子（ヤマトタケルの男《むすこ》）の妃となり山口県の現在の下関市長府の忌宮神社の地に出陣して熊襲軍と戦った。忌宮神社の伝承では熊襲新羅連合軍の来襲を受けたとある。新羅本紀二九五年条には、「倭人がしばしば海を渡って攻め寄せ、民は安心して生活できないので船を仕立てて倭を攻めることを考えたい」と王が云うと、臣下の一人が、海戦に弱い新羅が海を渡って攻めるのは危険が大きすぎますと反論、王はこれを了承したとある。

しかし、三八〇年代に至ると新羅の倭国出兵は当然考えられる。新羅ゆかりの熊襲軍からの協力要請もあったであろうから新羅軍の来襲はあったと見るのが自然であろう。

大和王朝の成務大王の崩御は三九〇年前後と推断する。皇太子の仲哀は緊急に畿内に引きあげて即位しなければならないのに、熊襲軍は強靭で、穴門（現在の山口県長門地方）から後退することができなかった。仲哀は敵の矢にあたってか、部下の裏切りによるか明かでないが、三九一年の二月に謎の死を遂げた。長門にあって仲哀皇太子が大王の職責を果たせるわけがないのは常識。仲哀の天皇即位があり得ないのは、これは常識である。悲惨な死の鎮魂のために天皇の名を死後に贈ったのである。

住吉大社神代記によれば仲哀のヒツギのそばで住吉の神と神功皇后は秘事を行われ、應神天皇が宿られたとある（田中卓博士発掘）。

住吉の神とは穴門直践立《あなとのあたいほむだち》であろうと、説話文学の権威の志村有弘氏は指摘している。

皇后は忌宮神社の西方の日頼寺の丘に仲哀皇太子のモガリを造って仮埋葬する

と、息長氏や生家の葛城氏に依頼して熊襲への連絡を進め、味方に取り込むことに成功した。

熊襲も葛城氏も息長氏も新羅とはいわば連枝。親近の間柄。合戦でなく政略、政策の転換によって熊襲は皇后軍の一翼となったのである。皇后の軍師は武内宿禰《たけしうちすくね》。この年六〇才（論拠後述）。

仲哀皇太子のモガリは現存する。西暦三九一年の二月の築造に疑いの余地はないから、考古学者の発掘調査を期待したい。

三九一年の秋十月。妊娠八カ月の神功皇后は大和王朝との決戦を決意して百済と連衡し新羅王に援軍を求めるために海を渡った。

妊娠八カ月の皇后が合戦のために海を渡るはずはない。真相は支援を求めての渡海である。

兵の集まりが悪いのでスサノ王系の大己貴神《おおなむちのかみ》を祀る大三輪大明神（大己貴神社）を現在の福岡県朝倉郡三輪に建立すると大勢の兵が雲集したと云うのも、この間の事情を明かにしている。

熊襲には「おたがいに新羅王族とは血がつながっている。協力して大和王朝と戦い、未来を拓こうではないか」と説得されたはずである。

皇后の御座船は山口県の現在の楠木町にあった途方もない楠木の大木を倒して造船したと伝承される。大木のあった地にはホコラが現存、孫にあたるという楠木の枯れた根が現存している。

新羅王を説得するには大量の船と大軍を揃えて勝てるという強勢を示す必要がある。大量の船を造るために博多、豊前、豊後、長門、周防、安芸、吉備、伊予、讃岐、出雲、但馬に至る神功皇后にとって動員可能地区の造船設備を総動員したと推定される。造船材としての最適の木材は楠木である。朝鮮にはなく、倭国の特産品であった。楠木は棺材としても貴重で倭国から中国・百済に輸出されていた。

時の新羅王は一七代の奈勿《なもつ》―在位は西暦三五六年から四〇二年、在位四七年。

神功皇后と奈勿が対面してなにを語り合ったかは推定しかあり得ない。

皇后は葛城氏の生まれであり、葛城氏の祖は新羅王子アメノヒボコ（帰化後の改名）であり、その帰化落着した出石の地は新羅四代王に着任した脱解が生誕したタバナ国である。このタバナ国を基点とする出石族は出雲族と共に倭国の中原に天孫系よりも一足さきに雄飛している。出石族は出雲族と共に、新羅国にとっては連枝。神功皇后はその出石族と天孫系の混血である。即ち皇后の父は開化大王の四代の後裔の息長宿禰、母は新羅の王子アメノヒボコの孫の葛城高額比売である。

「願わくは大和王朝軍との決戦にあたって王子の一人に軍を率いての参陣を命じ下さい。新羅王子が参陣すれば倭国内の新羅とつながる勢力はことごとく協力する。敗れる合戦ではない。必ず勝てます。志なった暁は、王子には倭国の中の最もよき地を所領として差し上げる」

そうした話が展開されたにちがいなく、そばにはべった熊襲王子（後の葛城襲津彦？）の決意と進言もあったことが想像される。

新羅王は王子の一人を参陣させる。この王子こそ、後の秦氏の祖の一人ではないか。新撰姓氏録には仲哀八年に秦の始皇帝の子孫の功満王が日本に帰化とある。仲哀九年が神功皇后の三韓出兵（後述）であり、仲哀八年は長門長府で大和王朝軍と熊襲新羅連合軍が合戦の最中。功満王なる人物が帰化できる状況ではない。

帰化を翌九年とすれば、この功満王は新羅王子ではあるまいか。新羅の祖――六部の民は云うまでもなく秦の流れである。もっとも秦氏は多種多様。紀元前二一六年頃に渡来した徐福の随行者にも秦氏が存在したと伝承され吉備、但馬にも秦氏渡来伝承がある。日本の歴史家では新羅建国の年を辰韓を統一して新羅と号した四世紀中葉とする者があるが、そもそもの新羅建国は西暦前五七年である。新羅は統一以前から強力な存在であったことを見逃がしてはならない。

秦、波多を名乗る氏族はいずれも秦の始皇帝となんらかのつながりのある人々であろう。応神の世に帰化した「弓月の君」も始皇帝の後裔。各種各様あって明確に分類は不可能である。

いずれにしても神功皇后の三韓出兵なるものが記紀に記されている様なマンガじみた合戦や大勝の展開になる道理がない。広開土王碑に記してあるような新羅百済を臣民にしたなどは誇大すぎる。大和王朝軍との決戦にあたっての協力支援の約を取り結んだにすぎない。

広開土王も、記紀編纂時の倭国の権力者も、政治的都合によって実態をまげて記録させたのは明かである。

神功皇后は無事に倭国に帰ると福岡県の現在の宇美で応神を出誕。これには壱岐説がある。

翌三九二年に大軍を率いて東遷。仲哀の最初の妃の男《むすこ》のカゴサカ・オシクマの二王子を討って天下を掌中に。そして、二才の応神を大王に。

自らは摂政として統治にあたった。

朝鮮では、この時期、高句麗の広開土王が南下、すざまじい戦乱の渦の中にあった。百済・新羅が倭国と同盟すれば高句麗が危ない。広開土王は新羅に連合の解除を迫り、百済には大軍をもって押し寄せる。その結果、新羅は神功皇后との約を破り、百済は倭国に援軍派遣を求めて来た。かくて倭国の新羅出兵は間断なく行われる事態となり、遂には百済から倭軍の常駐地を提供されるに至る。

倭国にとって最先端の文明の輸入のためには、百済は生命線であった。

神功皇后の勝利の背景はなにか。皇后の父の息長宿禰《おきながすくね》は天孫系、母の葛城高額《かつらぎたかぬか》比売《ひめ》は出石系。即ち新羅系で出雲族とは連枝。天下を二分する天孫系・出雲系の両勢力の混血であったことが勝利の根本的背景であったと云える。まさに時を得た「天の配剤」と云えよう。

柱

古代の実年代を探るために「拠点」の次に必要なものは「柱」である。

では、なにが柱になり得るか——?

記紀の天皇（大王）の歿年や在位年数は文字通り雲をつかむような数字で、まともに相手にすると頭がおかしくなる。平均在位年数による実年代の確認法もいささか正確度において頼りにならない。

ここに頼りになるものが一ツだけある。

古代天皇の生誕年である。生誕年ならば「面」の研究と重ねれば完全無欠とは云いがたいが、ほぼ正確につかむことができる。

古代天皇の成人式は一三才。嫁えらびはこの年から始まる。結婚式は一五才。そして後継天皇の出誕平均年令は一八才である。

長男次男が健康であれば軍事を担当させ、三番目あたりの子が大王（天皇）の位に就くのが通常。

ただしこれは面の研究と併せ検討することが重要。例えば即位することのなかった仲哀皇太子を一四代大王に即位したことにしてあったり、應神の如く二才で大王に着いたり、履中・反正・允恭のように兄弟が短期にあいついで即位した例もある。景行大王の如く、一五才から猛烈な勢いで子づくりをした大王もある。成務大王には子供があったのかどうか。病弱早死か。定かでない。

即ち生誕年を柱にした場合は、内外の「面」からの検討が不可欠である。

ここで重要なことは、大和王朝の大王は九州ヤマタイ国連合とちがって大王位の豪族間の交替は無く、とにもかくにも天孫系に限って着任している事実である。なんらかの意味で天孫系と云える人物以外が大王位に着いた例はない。

古代天皇の実年代

さて右の起点と柱と面の検討を基底にしてまず神功皇后から雄略までの実年代を以下に明確にしたい。

神功皇后

三九一年二月、夫君仲哀皇太子、謎の死去。下関市長府に四世紀後半築造の「仲哀モガリ遺蹟」現存。

三九一年一〇月（辛卯）、新羅渡海（広開土王碑文）。武内宿禰六〇才が参謀。大将は住吉（穴門直践立）、副将は日吉（伊予水軍十城別命か、推定年令四〇才前後。ヤマトタケルと吉備武彦の姫の穴門武媛の間の御子―伊予別祖・河野祖）、側近に熊襲王子（後の葛城襲津彦か）先陣は安曇水軍。百済王族も参加。新羅王奈勿《なもつ》の支援を求めての新羅出兵は成功する。

三九一年一二月一四日、応神大王生誕。三九二年東遷。仲哀の初代の妃の御子のカゴサカ・オシクマの両王子を討って天下を掌握する。

成務大王崩御後の二年間の空白期間はカゴサカ・オシクマの御子が大王の職責を果たしたと推定される。カゴサカは赤い猪（忍者）に殺されたか。オシクマは舟上で水死説もあるが、生存説もある。

神功皇后の東遷（東征）には熊襲軍、新羅軍も百済軍・出石軍・息長軍も参陣。

神功皇后の生誕は三六五年前後。生母の葛城高額比売の生誕は三四五年前後。祖父にあたるタジマヒタカ（タジマモリ弟）の生誕は三二五年前後。曾祖父アメノヒボコは三二〇年前後の渡来。この年代測定は古代史究明にとって貴重である。

神功皇后（大帯比売）は一八才前後に仲哀の三番目の妃として嫁がれ、結婚生活は九年間か。三九一年の新羅渡海の時の年令は二六才か二七才。死去は四〇八年。百済王直支の七支刀奉献の年。歿年四二才前後。時に愛児の応神は一八才。仲哀と神功皇后の間に品夜和気命と名づける応神の兄が存在したことになっているが早逝であろう。

陵は奈良市山陵町宮の内二七五メートルの前方後円墳。

應神大王（賛）

生誕三九一年一二月一四日。

崩御四二〇年、三〇才前後。

二才で大王となり母の神功皇后が摂政。気比神社の伝承は一三才の成人式。気比神社周辺の地はヤマトタケルの副将をつとめた吉備武彦の所領であったゆかりの地。武彦の女《むすめ》の穴門《あなと》武媛《たけひめ》はヤマトタケルの妃の一人。ヤマトタケルは仲哀の実父。従ってヤマトタケルは神功皇后にとって義父となる。

応神が成人すると神功皇后は景行大王の孫にあたる品陀眞若王の三人の姫を応神の妃とされる。大王継承者としての資格の補強策である。

四一三年「東晋に貢献、安帝の時、倭王賛あり（晋書）。賛は応神、時に二三才。陵は大阪府羽曳野市誉田の四一九メートルの三段築成前方後円墳。

讃　仁徳

四〇七年前後の生誕。父応神一七才の年の生まれ。

四二一年に宋に朝貢。

四三〇年崩御、二四才か二五才。

妃は葛城襲津彦の女《むすめ》の石之比売《いわのひめ》。

葛城襲津彦は武内宿禰の男と各種系図には記してあるが熊襲王子の可能性が高い。

新羅出兵、東遷に大功がありながら応神朝の重臣の中に熊襲一族の名が見あたらない。不可解。

大和朝廷の多年にわたる仇敵であった故に、政治的配慮から神功皇后が生家の葛城氏の猶子にしたか、重臣武内宿禰の猶子として、出自を秘して重用したものと推定する。

四二〇年に父の応神が崩御すると大王位の継承をめぐって争乱が発生する。

景行大王の孫にあたる品陀眞若王の女《むすめ》三人が応神妃に。長女が高木之入日売命《たかぎのいりひめのみこと》。

次女が中日売命《なかひめのみこと》。三女弟日売命《おとひめのみこと》。

長女の男《むすこ》が額田大中彦《ぬかたおおなかつひこ》。次女の男が仁徳。仁徳を支援したのはワニ氏・葛城氏と尾治氏の一流。額田大中彦を支援したのは尾治連《おわりのむらじ》尻《し》調《と》根命《ねのみこと》。即ち額田の祖母にあたる金田屋比売の兄である。

大山守命（額田の弟）を水死させた仁徳勢は美濃に布陣する額田の攻撃を開始。しかし飛騨に後退した額田軍は強力で戦いは何時はてるとも知れない。仁徳勢は応神大王の木像をつくって先陣にかざし「父に叛くのか」と叫びながら攻撃したと伝えられる。

日本書紀では両面宿儺《りょうめんすくな》と呼ぶ怪物の悪王に仕立てられているが額田大中彦と尾治連尻調根命が二人三脚で戦ったので両面宿儺の怪物名が創作されたのであろう。昭和四五年（一九七〇）飛騨の冬頭王塚古墳（通称たたる墓）が道路工事のために発掘された。未盗掘の墓の中から応神下賜で知られる「直弧文鹿角装鉄剣《ちょっこぶんしかづのそうてつけん》」を抱いた歯のない老人の白骨と一四才か一五才の少年の骨が現れた。

老人は尾治連尻調根命。少年は額田大中彦と推断される。額田は仁徳とほぼ同年輩・四二一年に宋に朝貢した仁徳の年令は一四・五才。合致する。冬頭王塚古墳の築造年代は五世紀前半。合致する。（廣田照夫著、桐谷忠夫解説、叢文社刊「飛騨の鬼神　両面宿儺の正体」参照）

仁徳の陵は大阪府堺市大仙町四八五メートルの前方後円墳。

珍　履中

四二四年前後に生誕。仁徳長子。イザホワケ。

四三〇年に宋朝貢。

四四二年死去。一八、九才。

陵は大阪府堺市石津ケ丘三六〇メートルの前方後円墳。

済　反正

四二四年前後に生誕。仁徳の御子。ミズハワケ。

四四三年に宋に朝貢。

四五一年死去。二七、八才。（記には履中大王を焼き殺そうとした弟のスミノエナカツミコを隼人族の勇者ソバカリをだまして反正が暗殺させたとある。長身の大男と記す）

興　允恭

四二五年前後に生誕。仁徳御子。ヲアサツマワクゴノスクネ。

四五一年即位、宋朝貢。

四六〇年歿。三五才。

興　安康

四四三年前後の生誕。允恭御子。アナホ。
四六二年宋に朝貢。
四六二年、二〇才前後で眉輪王に殺さる。

武　雄略

四四四年前後に生誕。允恭御子。
四六二年即位。
四七八年、宋朝貢…上表文。
四七九年三五才前後に歿。

神武の建国の年は―？

前項では神功皇后を起点として後世の雄略大王までの実年代を追究したが、今度は逆に神功皇后から逆《さか》のぼって神武大王までの実年代を探る。

神功皇后

三六五年前後に生誕。一八才前後で仲哀皇太子の三番目の妃に。

仲哀皇太子

ヤマトタケルの御子として三五四年前後に生誕。父二一才の頃に生まれる。

最初の妃（大中比売命）との間にカゴサカ王《みこ》、オシクマ王《みこ》。

穴門（現在の下関長府）の忌宮神社の地に下向して熊襲・新羅軍と死闘。穴門下向の直前に神功皇后を妃に。

死去、三九一年の二月。部下による暗殺の可能性あり。

現下関市の日頼寺の丘（忌宮神社西方）に仲哀皇太子のモガリ遺蹟現存。天皇即位なし。

ヤマトタケル

景行大王一五才の年に誕生。景行王子。生誕年三三二年。

死去三六二年、三〇才。

妃は布多遅比売《ふたじひめ》（仲哀生母。近江の意富多牟和気の姫）、美夜受比売《みやずひめ》（尾治氏）、穴門武媛《あなとたけひめ》（吉備武彦姫　十城別命生母）、弟橘比売《おとたちばなひめ》（物部流穂積氏）等。

成務大王

景行四子。

生誕三三二年。武内宿禰と同年とされる。記紀の水増し年代を修正すると三九一年の神功皇后の新羅出兵の年は武内宿禰六〇才前後となる。新羅本紀三六四年条の倭軍大敗の新羅攻撃は成務大王の代であろう。

死去三九〇年。

陵は奈良市佐紀町、佐紀盾列《さきのたてなみの》古墳群《こふんぐん》に。

景行大王

生誕三一七年、垂仁の御子、第三皇子。母は日葉酢媛《ひばすひめ》。

三四三年即位。軍事と併行して婚姻政策によって倭国統一を進める。各地豪族の女を次々に妃とし七〇人以上の子供を出誕。両勢力の神を合祀することで統一をはかった。

三四四年、王子成務の嫁を新羅王に求めて謝絶され、激怒して絶交の使を三四五年に。三四六年新羅王都金城を包囲(新羅本紀三)。三四四年は成務一三才の成人の年。

陵、奈良県天理市柳本町三〇〇メートルの前方後円墳。

垂仁大王

生誕三〇〇年前後。崇神大王御子。

三一八年即位。

妃の一人は新羅王族阿湌《あさん》の急利《くり》の姫(新羅本紀三一二年三月条に倭王が新羅王に王子の嫁を求めて来た、とある。三一二年は垂仁一三才の成人の年にあたる)。三二〇年前後に新羅王子アメノヒボコ帰化を迎え、但馬の出石開発が成ると、大和にその後裔を招き、治水技術を駆使させて、大和開発に巨大な成果を生み出す。

三四三年歿。

歿年の数年前(?・)にアメノヒボコの男《むすこ》タジマモリに不老不死のトキジクのカクのコノミを常世の国から持ち帰ることを命じる。常世の国は現在の印度のデカン高原か(三宅祺一郎氏説)。

陵は奈良市尼ケ辻二二七メートルの前方後円墳。

崇神大王

生誕二八二年前後。

歿年三一八年。

陵は天理市柳本町の二四〇メートルの三段築成前方後円墳。

王子垂仁が一三才になると新羅王に王子の嫁を求め阿湌の急利の姫を迎える（新羅本紀三一二年三月条)。

三〇〇年前後から三一〇年前後にかけて四道将軍を各地に派遣、倭国の大半を制圧、掌握する。

疫病がはやるとスサノ王の祟り、大国主命・大物主命・事代主命の祟りと見て、スサノ王直系の大田田根子を探し出し「大神《おおみわ》神社」の宮司に復活させるから先祖に祟《たた》りをしないように祈れと命じる。

当時、大陸から交易船が帰って来ると必ず病魔がたけり狂った。病菌は眼に見えないので、すべては死者の祟りと考えられた。

陵は天理市柳本町の二四〇メートルの周堀をめぐらした三段築成の前方後円墳。

神武大王を「始馭天下之天皇《はつくにしらすすめらみこと》」。崇神を「御肇国天皇《はつくにしらすすめらみこと》」と記されているため、崇神が初代で、神武は非在と説く史家もあるがこれは致命的誤断。

神武は天孫系・出雲系・ニギハヤビの命系・天穂日命系・鴨系・出石族系・吉備氏系等を糾合して連合政権を初めて西暦一三五年前後に結成した建国者である。

しかし、政権は分裂して一五〇年にわたる倭国大乱が続く——。
崇神はこの倭国大乱を平定して国家としての体制を整備した大王である。
神武は建国の祖、連合国家の祖。崇神は天孫系を核とした統一国家の祖である。
建国から統一国家の達成までに一五〇年の茨の道があった。
崇神を外来の征服者と説く史家もあるが、そのような痕跡は一切存在しない。

開化大王

二六四年前後の生誕。
神功皇后の実父息長宿禰は開化四代の後裔。
二九二年、二九四年の新羅攻撃は開化大王の代か。

孝元大王

二四六年前後の生誕。
稲荷山鉄剣に刻印の「オオヒコの命」は孝元の御子。崇神朝の四道将軍の一人。
鉄剣銘文によって孝元とオオヒコの実在は不動。欠史八代大王不在説は転覆。
九州ヤマタイ国の滅亡は二七〇年。孝元の代。
新羅本紀二八九年、二八七年、二七〇年の倭軍の新羅攻撃は孝元の代。

孝霊大王

二二八年前後の生誕。
大吉備津彦、彦狭島命、若日子建吉備津日子命を吉備征討に派遣。神武東征に大功の「前、吉備王族」の温羅を亡ぼし「後、吉備王国」を建てるが、雄略大王の時代に葛城氏と共に討滅される。ただし彦狭島命系は伊予河野、吉備児島、駿河大宅氏につながり繁栄する。大吉備津彦の吉備征討は崇神朝の四道将軍派遣の第一弾。

孝安大王

二一〇年前後の生誕。

新羅本紀二四九年の倭軍新羅攻撃は孝安大王の代か。

孝昭大王

一九二年前後の生誕。

二三二年、二三三年の新羅王都金城包囲はスサノ王系への支援を抗議して―。

孝昭妃は尾治氏と前・吉備氏(?)。

前方後円墳、前方後方墳登場は孝元の代か。

九州ヤマタイ国連合のヒミコが死去した二四八年から五年目にあたる二五三年に倭国の使臣が新羅を訪れる。接待役は名将于老《おろう》。酒に酔って于老は失言する。

「早晩、汝の王を塩奴となし王妃をサンプとなさん」

耳にした倭王は大軍を派遣、于老は倭軍を訪れ、あれは酒の上のざれ言と弁明するも、倭の将軍は、ワラの中に押し込んで焼き殺した。

それから一七年。倭の使臣が新羅を訪れる。于老の妻が接待役となり美酒をふるまい酔わせたところで庭に引きずり落して火を点けて焼き殺す。倭王は大軍を派遣して王都金城を攻撃した。この年、二七〇年に九州ヤマタイ国は亡びている。

右の新羅本紀の記録で于老は王と王妃と云っている。九州ヤマタイ国連合の王は男でなく女王。それも夫はいない。戦力から見てもここに出て来る倭国は明かに大和王朝である。この新羅本紀の金城包囲と于老事件は孝昭・孝安・孝霊・孝元の四代にまたがる。

懿徳《いとく》大王

一七四年前後の生誕。

安寧大王

一五六年前後の生誕。妃は鴨氏（ヤタガラス後裔）出身。新羅本紀一七三年五月条に「倭の女王卑弥乎《ヒミコ》、使を遣わし来聘す」とある。ヒミコは中国系、徐福の後裔か？　すくなくとも天孫系でも出雲系でもない。天孫系、あるいは出雲系であれば、九州ヤマタイ国連合の女王に着任しても、国々が治まるはずはない。国々が一目置く国、中国系の出自であろう。いわんや箸墓に葬られている等の推理は判断の基底が狂っている。

綏靖大王

一三八年前後の生誕。

一五〇年前後に神武大王崩御。九州から神武に従って東上して来た腹ちがいの兄の手研耳命《たぎしみみのみこと》を綏靖一二才が刺殺と記紀に記されている。綏靖の母は出雲系、妃も出雲系。天孫系出雲系の分裂、即ち倭国大乱突入はこの時からと推断される。

手研耳命に異図があったと記紀には記してあるが、敗者は悪に仕立てる筆法で、信ずるに足りない。

綏靖には御子は安寧一人。出雲系に近かった事から倭国大乱突入直後に天孫系か隼人族に若くして暗殺された可能性が高い。

神武大王

神武はウガヤフキアエズの尊の第四子。

神武生誕は一〇五年前後と推定される。

西暦一三〇年前後に兄の五瀬命と九州日向の地を発した神武は安芸・吉備・伊予・周防等の豪族を結集して浪速口から攻めのぼって出雲系勢力と戦う。

出雲勢の勇将長髄彦《ながすねひこ》は毒矢(トリカブト)を放ち、その一矢が五瀬命のヒジを貫く。

ために命は和歌山の沖の船上で死去。国津神のニエモツの命（漁業の有力者）は遺体をカマ山の頂上に葬った。墓は実在。未盗掘？。

墓守に命じられたのは鵜飼氏と笠野氏。鵜飼氏は九五代に渡って墓を守りつづけ子孫は大阪に健在。共に姓から見ても隼人族出身である。

神武軍と隼人族の関係の究明は建国史のポイントの一つである。

五瀬命を主神とする竈山《かまやま》神社では水無月（六月）の八日を命日として「雄叫び祭り」を催す。左脇殿には稲飯命、御手入沼命、神武の三人が祀られている。

神武軍はこの地から熊野に進行する。なぜ熊野を選んだか。熊野は天孫系の縁者大山祇神の系類であるニギハヤビの命の男《むすこ》の高倉下命《たかくらじのみこと》が勢力を張り、後にヤタガラスと呼ばれるカモタケツヌミの命の協力も得られる状勢にあった故である。

カモは製鉄を意味するとも云われ、熊野の地で造船か海運か製鉄にたずさわっていた豪族であり、大山祇系とも、出雲系とも血縁の関係にあった一族である。

現在の新宮市の高倉神社（高倉下命の山城）の背後からは奈良に通じる修験の道が通じている。神武軍はこの道をたどって奈良に進攻した。この修験の道は紀元前二一六年頃に渡来した徐福の後裔が拓いたものと推測され、徐福に従って来たこの地の後裔たちも神武軍に協力したと伝承されている。秦氏・福田氏・福永氏等の存在が伝えられている。

神武軍勝利の背景には海の神（海運業）であり山の神（木造船業）ともされた大山祇神勢力の存在が大きい。大山祇神はコノハナサクヤヒメの父であり、ニギハヤビの命の父が真相らしい。

コノハナサクヤヒメは天孫のニニギの尊の妻。従ってニギハヤビの命はニニギの義兄ではないか。

ニギハヤビの命は物部氏と尾治氏の祖神である。即ちニギハヤビの命が九州にいた頃の妃である天道日女命は高倉下命の実母。後の尾治氏は高倉下命の後裔である。

ニギハヤビの命が東上して長髄彦の妹の登美夜毘売《とみやひめ》（三炊屋媛《みかしきやひめ》）と結婚して生まれたのが宇摩志麻遅命《うましまじのみこと》。物部氏の祖である。

大山祇神社の神は大山祇神。祭祀を扱う大祝《おおはおり》は物部氏である。即ち尾治氏と物部氏は大山祇神の後裔、古代の海運と造船の支配者であった大山祇神の勢力が神武軍の背後にあった。天孫系が辛くも建国にたどりつけた裏には大山祇神系勢力の強力な支援があったのだ。

大山祇系は山陰と南九州に本拠を置いていた。南九州系は神武軍に協力したとしても山陰系はおそらく出雲系との連携があり、神武軍には敵対したか、中立を通したかのいずれかであろう。

さて奈良に攻め込んだ神武軍は強大な出雲族の反撃を受け完全勝利に至る見通しは立たなかった。そこに妥協連合政権の話を持ちかけて来たのが天穂日命系とニギハヤビ系である。共に天孫系から出雲系に婿入りした系類。神武東征の頃には天穂日命もニギハヤビ命もすでに死去していた。妥協連合政権の仲介は、その後裔によってなされた。

協議の結果、大王は天孫系から、王妃は出雲系の直系から出すことで結着したと伝承される。長髄彦は殺されたとの説もあるが北方に逃避させられたとの伝承もある。

高倉下命、宇摩志麻遅命にとって長髄彦は実父ニギハヤビの義兄、恩人でもある。長髄彦はやがて訪れるであろう破局を予想して連合政権の結成に反対したのであろう。同時に神武の兄の五瀬命を戦死させているから、いずれ命を奪われると予想していたであろう。

ここで建国の年を明確に探究しておきたい。三代安寧の生誕は前述の如く一五六年前後。その父の綏靖の生誕は一三八年前後となる。綏靖は神武東征直後に、スサノ王直系の事代主命の姫のヒメタタライスケヨリヒメ（富登多多良伊須須岐比売命）を妃とした神武から生まれた日子八井耳命・神八井耳命・神沼河耳命の三人の男の三番目とされている。

綏靖（神沼河耳命）が一三八年の生まれとすると、その兄の神八井耳命は常識的に見て一三七年あたりの生まれ。その兄の日子八井耳命は一三六年あたりの生まれ。三子《みつご》生誕説もあるが、ここでは常識的に考えてみたい。父の神武がヒメタタライスケヨリヒメを妃とした年を、長兄の生まれた一年前とすると一三五年となる。かくて一三五年前後が神武建国の年と推断される。

綏靖一二才の年に父に従って九州から東上した異腹の兄の手研耳命《たぎしみみのみこと》を刺殺したとある。一三八年生誕の綏靖一二才は一五〇年あたりとなる。

異腹の兄を刺殺したと云うことは、父の神武が崩御、後継争いが発生したことを意味する。神武連合政権は分裂して、世に云う倭国大乱に突入したと推断される。綏靖の御子は安寧一人。それは若死にが推測され暗殺されたとも考えられる。安寧の妃は鴨氏出身で、スサノ王直系から大王を出すの約がすでに破られている。四代懿徳の妃も鴨氏血縁。鴨氏は後裔の京の上鴨・下鴨神社がスサノ王系の神を祀っていることから、出雲系と考えられるが、本流の山陰の出雲系ではなく、南九州の阿田に拠点を置いていた出雲系の分流であろう。

倭国大乱突入の実年代は、綏靖が異母兄を刺殺した一五〇年あたりと推定される。出雲系の本流―事代主命―大田田根子の流れは十代崇神の代まで抵抗を展開しているが、分流の鴨氏流は、終始一貫、天孫系に協力を続け、抵抗の跡は一切、見あたらない。

以上、結論として神武建国は一三五年前後。神武崩御一五〇年前後、倭国大乱突入一五〇年前後。誤差は二、三年と考えてよかろう。

　ここで、いささか大胆すぎる仮説を提起したい。大山祇神の祖は百済の始祖温祚王の兄のフル王ではないか。大山祇神社の大祝は物部氏である事実から見ても大山祇神は物部氏の祖であろう。物部を祀る石上神宮の地は「フル」。祭神は「布留大明神」とも呼ばれる。

　次の仮説――神武の最初の妃の吾平津媛《あひらつひめ》（阿比良比売）は吾田君小椅《あたのきみおばし》の妹とされるが、吾平津媛は現在の鹿児島の阿田《あた》の出身。阿田は神武東征以前、大山祇勢力、出雲系勢力、そして隼人族勢力がたむろしていた古代の重要な港であった。近くには、日向の天孫系の拠点があった。神武東征に、阿田の諸勢力が強力な支援をおくった。吾田邑は日向、阿多村は薩摩。いずれが古代阿田の地か明かでないが、港としての機能から薩摩の阿多と考えてよかろう。吾平津媛は隼人族の出である。南方渡来の海洋民族、巨大な漁業力、海軍力を持って神武東征に協力した。それがなぜか後に大和王朝の抵抗勢力に変身している。日本誕生史の暗部である。

手研耳命（多芸志美美命）の同腹の弟に岐須美美命があり、弟君は東征の途上で病死と伝承されている。

日南市の吾平津神社は吾平津媛を祀る。吾田神社には手研耳命と岐須美美命を祀ってある。

地神五代とスサノ王系の実年代

この機会に神武からさかのぼる地神五代の実年代。霧の彼方の神話の時代の実年代を探って見たい。

ウガヤフキアエズ尊――西暦八〇年前後の生誕
ヒコホデミ尊――――西暦六二年前後の生誕

ニニギ尊――――西暦四四年前後の生誕

アメノオシホミミ尊――西暦二六年前後の生誕

天照大神――――西暦八年前後の生誕

百済温祚《おんそ》王の建国は紀元前一八年である。

天照大神は温祚王の曾孫にあたる時代の人物と云える。

その父母のイザナギ・イザナミの神は紀元前一〇年あたり、それは温祚の孫の時代と云える。

大和王朝は新羅とは反目、百済とは一心同体、一度も剣を交えていない。日本の大王家の出自に百済王族が関係していることは疑いの余地はない。

スサノ王は天照大神と同時代人である。きょうだい説があるがこれは疑わしい。後日の政治的都合、倭国統一の前進のためにきょうだいにしたのではないか。天照は百済に近く、スサノ王は明かに新羅系である。

出雲国ゆずりの実年代は？　神武政権発足期、即ち一三五年前後は天孫系と出雲系の勢力は同格。国ゆずりは倭国大乱の勝負がほぼ決した後世でなければ考えられない。

出雲国ゆずりは「出雲から出発して倭国中原に雄飛した出雲系が、神武東征後に連合政権を発足させたのも束の間、倭国大乱に敗れて、故郷出雲に追いつめられた段階で発生した史実」と考えられる。古代、先進文明国家は大陸に面した日本海側で発祥している。太平洋側で発祥するなど常識的にも考えられない。出雲発祥の地は現在の島根県。出石族発祥の地は現在の兵庫県但馬地方である。

二三二年に五代孝昭大王が新羅王都金城を包囲しているから、出雲国ゆずりはこの時代に考えられなくもないが、おそらくは崇神大王の三〇〇年前後と推定される。

国ゆずり神話には大国主命、大物主命、事代主命、建御名方命、建御雷命などの名が出て来るが、孝昭の時代にしろ、崇神の時代にしろ、そのような人物が生きているはずはない。記紀は天孫系統治の大義名分の確立のために「出雲国ゆずり」を時に地神五代の代に、時に神武の時代に持ち込んでいる。

真実は西暦三〇〇年前後、崇神大王の代である。

スサノ王――西暦一〇年前後の生誕
大国主命――西暦二八年前後の生誕
大国主命――西暦四六年前後の生誕
大国主命――西暦六四年前後の生誕
大国主命――西暦八二年前後の生誕
事代主命――西暦一〇〇年前後の生誕

大国主命はすくなくとも三人いないと天孫系の系図と対比して納得がいかない。大国主命には大穴牟遅神《おおなむちノカミ》・葦原色許男神《あしはらしこおノカミ》・八千矛神《やちほこノカミ》・ウツシクニタマノカミ・大物主神《おおものぬしノカミ》とさまざまに名があるが、実は一人ではなく三人ないし四人存在したと見るべきではないか。

さまざまの名の人物の中には、新羅から渡来した顧問格の人物も含まれている可能性がある。

スサノ王の活躍年代は新羅四代王脱解の時代と重なる。倭のタバナ国生誕の脱解こそ、スサノ王の師であり、倭国開発の大恩人ではなかったのか。

大仮説…スサノ王とその後裔たち

西暦五七年に後漢に朝貢した奴国王は光武帝から「漢委奴国王」の金印を賜わる。

この奴国王は後のスサノ王であるというのが筆者の仮説である。天照大神が西暦八〇年前後の生まれ（前記）とすれば、ほぼ同年輩のスサノ王は西暦一〇年前後の生まれと見られ西暦五七年は三七歳となる。

金印を光武帝からいただいてのぼせあがった後のスサノ王は近隣を征服しようと軍を発し、よってたかって袋だたきにされ、志賀島に金印を埋めて、血縁の新羅四代王の脱解のもとに逃げ込む。脱解はこのあばれ者を温かく迎えソシモリに住まわせて帝王学や治水技術、医学をたたき込み、出雲におくり返す。

出雲は製鉄を営む豪族が支配していたが、これを滅ぼしてスサノ王が覇権を握る。滅ぼされた豪族の正体は不明だが、伽耶あたりの渡来種族であろう。スサノ王の娘婿の大国主命は同じ新羅系であるタバナ国の出石族と連携して倭国の中原に飛躍する。タバナ国は新羅四代王の脱解の生誕国であるから新羅が惜しみなく支援をおくったとしても不思議はない。関東・京都、奈良に進出したスサノ王系は合戦よりも医術や農作技術、治水技術の提供によって各地の種族を傘下におさめて巨大勢力に跳躍する。天孫系のアメノホヒの命やニギハヤビの命もなんの疑念を抱かずに受入れ、おおらかな古代国家を形成する。その本拠は奈良の三輪山の周辺であった。前記したがスサノ王と天照大神がきょうだいであるわけはない。スサノ王は明かに新羅系。天照大神は明かに天孫系である。記紀のきょうだい説は政略からのねつ造である。倭国統一のためのねつ造である。

やがて、このおおらかな古代国家に悲雲がおそいかかる。九州から出撃した天孫系の神武軍の進攻である。両者は当初激しく戦う。最も勇ましく戦ったのが長髄彦。ニギハヤビの命の妻の兄である。結局、天孫系出身のアメノホヒの命の子孫、ニギハヤビの命の子孫、ヤタガラスと呼ばれる鴨族の祖が両者の仲立ちになって、妥協連合政権が樹立された。

神武の妃にはスサノ王系の事代主命の女《むすめ》が選ばれる。大王は天孫系、正妻はスサノ王系からと云うのが約定であったようだ。

西暦一五〇年前後に神武大王が崩御すると九州から随伴して来た神武の長子手研耳命（母は隼人族出身の吾平津媛）を、綏靖が刺殺したことから倭国大乱に突入する。綏靖の生母は事代主命の女《むすめ》のヒメタタライスケヨリヒメである。要するにスサノ王系と天孫系の分裂が倭国大乱の真相である。

大乱は実に一五〇年に渡って展開され、十代崇神大王の時代に至ってほぼ結着がつき、敗れたスサノ王系は故郷の出雲に追いつめられ所領を譲り渡す形で降伏した。

これを機に崇神大王は対立から統一へと政策の大転換をはかり新羅王には王子垂仁の嫁を求め阿飡の急利（王族）の女《むすめ》を迎える。さらに疫病が襲来、これは破滅に追い込んだスサノ王系の神々の祟りと考え、直系の大田田根子を呼び出し「大神《おおみわ》神社の宮司に着任させスサノ王系の種族に生きる道を考慮するから先祖に祟りをしないように祈れ」と命じ、また、「スサノ王系種族には抵抗を停止して生業に励むように伝えヨ」と命じる。

だがスサノ王系の抵抗は蔭にこもって続く。壬申の乱の天武の後背支援勢力の中核はスサノ王系と出石族系である。

鈴鹿峠を守って追撃軍を防いだ三宅連《みやけむらじ》石床《いわどこ》は出石族系。各地の修験に蜂起を煙火《のろし》でうながした役行者は大田田根子、即ちスサノ王の直系種族の英傑である。

さらに九州の熊襲はスサノ王系、出石族系と同じく新羅系でその抵抗は延々と続く。源平時代も、源氏は新羅系、平氏は百済系とされ、なお、その対立が尾を曳いている。

七支刀の真実

石上神宮《いそのかみ》に現存する七支刀《ひちしとう》には表と裏に銘文が刻まれている。

「○○の四年五月一六日、丙午正陽、百錬の鉄の七支刀を造る。すすみて百兵をさく。供々たる侯王に宣し」

「先世以来、未だかくの如き刀あらず、百済王の世子、奇しくも聖音に生き、ことさらに倭王旨の為に造り、後世に伝え示さん」と刻まれてある。

日本書紀には七支刀は百済王から神功皇后に送られて来た、と記してある。

神功皇后時代の百済王となれば一七代阿莘《あしん》王(三九二〜四〇五在位)、その太子の腆支《てんし》(直支王)は三九七年に倭国の人質となって神功皇后に愛育された。四〇五年に阿莘王が死去。腆支が一八代の百済王に着任。在位は四〇五年から四二〇年である。

七支刀の銘文の頭の部分の文字が二字不明で論議を呼んで来たが、後にエックス線で調べた結果「泰和」の文字が浮かび出た。そのため三六九年、即ち東晋の太和四年の奉献の物的証拠と見なされるに至る。

しかし、西暦三六九年の倭王は景行の晩年か成務の代であり、百済王族から人質を取れるような状況にはない。

神功皇后はまだ三、四才の赤ちゃん。直支王はまだカゲも形もない。

泰和の年号は百済の年号の可能性が高い。

百済が東晋の年号の太和を泰和と誤記するなど常識では考えられない。

ここで断言できることは、泰和はともかく、四年の文字は確実。四〇八年は東晋の義熙四年、百済の直支王四年である。百済の七支刀奉献は四〇八年と断定したい。

応神大王が母を失って事実上の大王位に着任した年に百済が無礼をなしたので抗議すると、百済が関係者を処罰して謝罪したと、大げさに日本書紀に書き記してある。

無礼の内容は明かでないが、神功皇后はこの七支刀の贈られて来た四〇八年に崩御と推断できる。七支刀は応神の事実上の即位を祝いはげますものであり、同時に病床の神功皇后の快癒を祈る奉献物とも考えられる。倭王旨は神功皇后への中国宮廷での呼び名である。

ここで無礼の内容について推理して見よう。

――供々たる侯王に宣し――の文字に問題はないか。侯王の呼び方は中国の王が用いるのであれば問題はないが、百済が倭国王に用いたのは、直支王のミスであったと考えられる。百済王に一段見下げた呼び方をされては倭国王は怒るはずである。外交とは古代も現代も細心を要する大事である。

アメノヒボコとタジマモリの実年代

日本書紀にはヒボコの来朝は垂仁三年とある。垂仁三年は西暦の何年にあたるか？

大和王朝と新羅は古代、犬猿の間がら。大和王朝は百済と親近。出雲系は新羅と親近。二代大王の綏靖の代から始ったと推定される倭国大乱の嵐の中で、出雲系を支援する新羅と、大和王朝はまさに不倶戴天のカタキ同志であった。

二三二年の新羅本紀によれば倭の大軍が王都金城を包囲とある。生誕年令を基底に探ると五代孝昭の代となる。

それが十代崇神の代に至り、ほぼ出雲系の制圧がなると、大和王朝は政策の大転換をはかる。西暦三一二年三月には、崇神大王は新羅王に、王子垂仁の嫁を求め、王族の阿飡の急利の姫を迎える承認を得ている。この年、垂仁は現代で云う成人式の一三才である。（新羅本紀三一二年三月条）

次に景行大王が、一三才になった御子の成務の嫁を求めたのは三四四年。謝絶されて三四五年に絶交状、三四六年には新羅王都金城に攻め寄せている。（新羅本紀条）

右の史料からアメノヒボコが来朝可能の期間は三一二年から三四五年までの間に限られる。

垂仁の崩御は景行が成務の嫁を新羅王に求めた三四四年の前、おそらくは三四三年と考えてよかろう。

問題は崇神天皇の崩御の年代である。明確な根拠は無いが、垂仁の動向から見て三一八年と推定され、そこからヒボコ渡来の垂仁三年は西暦三二〇年前後と推断される。

タジマモリが垂仁の命でトキジクのカクのコノミを求めて船出した確かな年令は不明だが、垂仁の崩御は三四三年と見られるから、その年の船出としてもタジマモリの年令はアメノヒボコの長子と考えても二三才前後となる。垂仁崩御の三年前の船出とすれば二〇才前後である。

この事実から明かになるのは、タジマモリはアメノヒボコの男《むすこ》でなければならない。記紀やその他の古代史料に記されている四代の後裔説は誤り。系図は明かに改ざんさせられている。

タジマモリはアメノヒボコの長子でなければ成立しない。

結語としてアメノヒボコ来朝は西暦三二〇年前後。その子のタジマモリの船出は三四〇年前後。その死は三四四年。二五才前後と推定して大差はあるまい。

稲荷山鉄剣の考察

雄略帝につかえた「オワケの臣」が退官にあたって先祖歴代の名を刻印したのが稲荷山古墳出土の鉄剣である。

オワケの臣は大彦命系の後裔の一人である。

古墳の主が上役から下賜された剣と見る見解もあるが、これは考えすぎであろう。

八人の名が認められ、崇神大王が派遣した四道将軍の一人である意富ヒコ、即ち大彦命から始まっている。

大彦命は八代孝元大王の第一子。孝元帝の一六才あたりで生まれた御子と考えてよかろう。孝元は配偶者三名、御子六人が記録されている。

孝元大王　二四六年前後生誕

大彦命　二六二年前後生誕(孝元一六才の年に生誕と見る。孝元は早熟と伝承)

多加利のスクネ　二八二年前後生誕(以後父一八才で生誕とする)(崇神帝と同年代)

てよかりワケ　二九八年前後生誕(垂仁帝とほぼ同年代)

たかはしワケ　三一六年前後生誕(景行帝と同年代──高橋文の関係者か)

多沙鬼ワケ　三三四年前後生誕(成務帝とほぼ同年代)

はてび　三五二年前後生誕(仲哀皇太子とほぼ同年代)

かさはや　三七〇年前後生誕

（仲哀の御子、カゴサカ・オシクマの御子とほぼ同年代）

オワケの臣　　三八八年前後生誕（三九一年生誕の応神帝とほぼ同年代）

銘文の四七一年はオワケの臣七九才前後になる。雄略帝の崩御は四七九年である

から、雄略崩御の十年ばかり前に鉄剣に刻印させたのであろう。

一方、この間の天皇の歴代は

孝元

開化

崇神

垂仁

景行

成務

仲哀

応神
仁徳
履中
反正
允恭
安康
雄略

である。孝元から数えてオワケの臣家は九代。天皇家は一四代である。
この差の背景は明確。
①仲哀皇太子は即位なし。
②履中反正允恭は親子でなく兄弟。
③応神は三〇才前後で崩御。仁徳は二四才あたりで崩御。安康は二〇才、在位

二、三年で崩御。

即ちオワケの臣は応神帝よりも二、三年前の三八八年あたりに生誕。応神・仁徳・履中・反正・允恭・安康、そして雄略崩御の四七九年の十年前あたりまでの破乱重畳の時代、八〇年ばかりを生き抜いたのである。

云いかえれば天皇家は驚くべき早逝が連続したことになる。

神武東征、謎の支援勢力の考察

大山祇神系──尾治氏・物部氏

ニニギの尊の妃のコノハナサクヤヒメは大山祇神の姫である。そしてニギハヤビの命は大山祇神の男《むすこ》ではないかとする一説がある。となれば、ニギハヤビはニニギの義兄となり記紀の実兄説は怪しくなる。

大山祇神社の大祝《おおはふり》は物部系である。云うまでもなくニギハヤビは物部氏尾治氏の祖である。となれば物部の祖はニギハヤビであり、さらにその父の大山祇神となる。「ニギハヤビはニニギの義兄説」「大山祇は、物部・尾治氏の祖説」の論拠がこれである。

大山祇神の男《むすこ》がニギハヤビの命。その子が高倉下《たかくらじ》命と宇摩志麻遅《うましまじ》命。高倉下命は尾治《おわり》氏の祖、宇摩志麻遅命は物部氏の祖である。

ニギハヤビの命の最初の妃の天道日女命から生まれたのが高倉下命。九州居住時代の出誕。ニギハヤビの命が九州から畿内に東上、出雲系の長髄彦の妹の登美夜毘《とみやひ》売《め》（三炊屋媛《みかしきやひめ》）との間に生まれたのが宇摩志麻遅の命である。

共に天孫系の血をひくが、神武東征前に畿内にあって出雲系の一員として成長している。

前記したが、くりかえす。物部氏が祀る石上神宮の地は「フル」と呼ばれ、祭神は布留《ふる》大明神。大山祇神の実態は百済始祖の温祚《おんそ》王の兄のフル王の系類ではないのか。政治的都合によって真実が封印されて来たのではないか。

神武東征時、南九州と紀州熊野等に拠点を持っていた大山祇系は、浪速口で敗れた神武軍を救援、裏口からの奈良への進攻を支援する。

くりかえす。天孫系から出雲系の猶子になった天穂日命系とニギハヤビの命系は神武東征時、天孫系と出雲系の和睦を進め妥協連合政権の構築に奔走する。

カモ氏

カモ氏には二流ある。神武東征のみぎり、熊野から奈良へと先導したヤタガラス系（賀茂建角身命系）がその一流。京の賀茂御祖神社（上鴨）、賀茂別雷神社（下鴨）

は、ヤタガラスを祀る。同時に出雲系の神を祀っているから、ヤタガラスが出雲系の血流であることは疑いない。

もう一つのカモ氏は出雲系の本流である。スサノ王、大国主命、事代主命を経て倭国大乱の嵐の中を一五〇年に渡って天孫系に抵抗をつづけ、十代崇神大王の時代に復活を許され、大神神社の宮司に着任した大田田根子に連なる血流である。

大田田根子の子には大鴨積命（加茂朝臣祖）、大友主命（大神朝臣祖）、大多彦命、意富弥希毛知命がある。この血流をカモ系と呼ぶのは不正確。出雲本流系とでも呼ぶべきであろうか。

奈良県御所市の高鴨神社の祭神は大国主命の子の味鉏高彦根命《あじすきたかひこねのみこと》を祀る。大田田根子の孫の賀茂積命が奉じ、代々、賀茂氏（鴨氏）が祭祀に当る。この高鴨神社を高鴨、葛木御歳神社を中鴨、鴨都波神社を下鴨と呼ぶ。

古代、大和の葛城地方に隣接して居住していた尾治氏（ニギハヤビの命後裔）と出石族系の葛城氏は同族結婚と呼べるような婚姻を重ねている。尾治氏の系図を点検すれば明か。しかしカモの二流は同じ出雲系の出でありながら、しかも隣接して所領を持ちながらも、婚姻関係は一切、見られない。両派は反目しあって生きて来たことは明かである。

大和王朝に対する姿勢の差によって反目が生まれたのである。

ヤタガラス系のカモ氏は神武東征にあたっては奈良の出雲系の牙城攻略の先導の役を果たし、倭国大乱にあたっては出雲族の攻略の一翼を荷い、三代安寧大王の皇后はヤタガラス系から出している。一貫して大和王朝に協力的。

一方の出雲族本流は、神武東征軍に矢をあびせ、天孫系から婿入りしたニギハヤビの命系と天穂日命系の仲介によって連合政権を樹立したのも束の間、神武崩御後に突発する倭国大乱の嵐の中を、一五〇年にわたって抵抗しつづける。

出雲系本流から見れば、出雲族分流のヤタガラス系のカモ氏は許すべからざる裏切りと敵視されていたにちがいない。一方、ヤタガラス系から見れば出雲系本流は倭国発展への配慮を欠くものと映じていたとも思われる。

ヤタガラス系カモ氏の出自は、もとより、山陰の出雲であるが、出雲族が倭国の中原に雄飛する以前に、すでに出雲族の一流は南九州の阿田に進出。日向の天孫系や阿田に本拠の一つを置く、海の豪族大山祇神勢力や隼人族と親交を重ねていた。その阿田進出の出雲族の一流に後世、ヤタガラスと呼ばれる賀茂建角身命《かもたけつぬみのみこと》の祖があったのである。出雲族の本流が出雲・南九州から奈良の地に雄飛すると、ニギハヤビの命や高倉下命（二人は大山祇系）と協力して紀州熊野に進出して奈良の出雲系の発展に協力した。

熊野から各地の産物を奈良に送り込む道筋は神武東征の奈良進攻の道と同一であったにちがいない。

現在の新宮市の高倉神社（高倉下命を祀る）の背後から奈良に通じる修験の道であったにちがいない。

ヤタガラスにとっては出雲系も大山祇系も隼人族系も、そして天孫系も、いわば親族連枝の間柄。いずれに味方するかで密かに苦悩したであろう。あるいは神武軍に協力しない限り、即日、命を断たれる状況の中にあったとも考えられる。

隼人族

神武大王の最初の妃の名は吾平津媛《あひらつひめ》（阿比良比売）。古事記では「阿多の小椅の妹、名は阿比良比売を娶して――」とある。二人の間に生まれたのが手研耳命《たぎしみみのみこと》と岐須美《きすみ》美命《みのみこと》である。

吾平津媛は隼人族の女性である。

神武軍は浪速から攻めのぼり出雲系の長髄彦の放ったトリカブトの毒矢で神武の

兄の五瀬命が負傷、現在の和歌山市の沖で戦死。出雲系はトリカブトを神として祀っていた。

五瀬命の墓を竈《カマ》山に造った者はニエモツの命と呼ばれる漁業の有力者であり、さきに南九州から移住して来た隼人族の一員であった。

古事記に登場する吉野川の川魚を神武に供したニエモツの子は、ニエモツの命の男《むすこ》。親子で神武軍に食料供給の役を果たした。

古事記にはニエモツの子は鵜飼（養）氏の祖と記してある。竈《カマ》山神社によると五瀬命の墓を九五代に渡って守って来たのが鵜飼氏。現在も大阪に後裔が現存。姓から見ても明かに隼人族である。神武の最初の妃の同族でもある。ニギハヤビの命が南九州から東上した時、行を共にし、現在の和歌山市和田のあたりで漁業を営んでいたのである。隼人族は神武東征後、大和の阿陀《あだ》を本貫地として与えられた。南九州の隼人族ゆかりの地名がそのまま奈良に移されている。

さて出雲系の事代主命の女《むすめ》を母とし、その妹(?)を妃とする二代大王の綏靖が神武崩御後、南九州から神武に従って東上して来た手研耳命を刺殺、世は倭国大乱に突入する。隼人族がどのように動いたかは封印してあって具体的資料はない。手研耳命の仇として綏靖を暗殺した可能性もある。綏靖の御子は安寧一人。若くして崩御は動かせない。隼人族が冷遇された背景がここらにあるか?

一方、南九州の隼人族の本拠はどうなったか。神武の御子の手研耳命の実弟の岐須美美命は神武東征軍に加って中途病没した。神武の兄は浪速口の敗北戦で死去。神武にとって驚くべき悲劇の連続であった。

それはともかく、東征のために人材と経済力を投入して弱体化した南九州の隼人族が生きて行くためには隣国の強国のクマソ国との連携が必要不可欠であった。クマソ国は新羅系・出雲系の連枝。勢い隼人族も大和王朝の抵抗勢力としての道を歩まざるを得なかったであろう。後世、景行大王や大伴旅人の遠征を受けるに至る背景がここに――。
日本誕生史に巨大な役割を演じながら、花咲かずして終った雄族の陰をここに見る。

吉備氏

神武東征にあたり、最大の支援者は吉備氏である。神武軍は安芸の多祁理《たけり》宮で七年。吉備の高島宮で八年。準備を重ねたとある。

そのような長期の駐留があるはずもないが、いずれにしても吉備氏が強力な支援をおくったことは確かである。吉備氏は百済系と見られ、天孫系とは連枝の如くである。

吉備氏が神武東征後にいかなる動きをしたかは不明。七代孝霊大王の王子の吉備津彦が弟二人を連れて吉備を征討、歯ぎしりする温羅《うら》王を討滅して新しい吉備氏を発足させた。

ここから吉備氏は「前吉備氏」と「後吉備氏」に分けて考える必要がある。後吉備氏も雄略大王の時代に葛城氏と共に討滅される。もっとも後世、河野氏につながる一流は討滅をまぬがれる。

吉備は瀬戸内航路のカナメの地。生命線とも云うべき大陸貿易の展開の上に、この地だけは大和王朝の直轄地にする必要があったのである。

資料

日本誕生史

大王（天皇）実年代体系表

伊藤太文

太古、大陸で戦いに敗れた種族が逃げ込むのに最も適した土地が日本列島。

森深く気温温暖。海も山も陸地も食料は豊富。大陸との間は海で分離されていて安全。

人類発祥の地はアフリカ。長い年月を経て世界各地に進出を遂げる。

他の天体の文明生物が地球に飛来して住みついた可能性もあながち否定はできない。このままでは地球人も他の星に移住しなければ生きられない時代が、すぐそこまで迫っている。

ともあれ、太古の日本に各種各様の種族が様々の事情によって渡来し、住みついた。そもそもの原点を探れば人類は皆、兄弟。殺し合いなどできる間柄ではない。

【イザナギの尊】【イザナミの尊】

この夫婦神はなにごとを示唆しているのか。

　イザナギは扶余族を、

　イザナミは中国民族を示唆しているのか。

それとも

　イザナギは百済系を、

　イザナミは新羅系を示唆しているのか。

記紀にある如く、二人が天照大神やスサノ王の父母の時代の人間とすれば西暦紀元前一〇年あたりの生誕者となる。

百済始祖温祚王（前一八年〜西暦二八年在位）の孫の時代の生誕となる。

また、新羅始祖赫居生（前五七年〜西暦四年在位）の曽孫の時代の生誕となるが。

さて?。

【天照大神】

西暦八年〜一〇年前後の生誕。

大陸からの移住者の後裔。百済温祚王のなんらかの血縁か、温祚の兄のフル王の血流と見る研究者がある。

幼児期に尻が青くなる種族であるから扶余の流れであることは動かせない。

現在の福岡県の大和町か甘木市のあたりが最初の天孫系の降臨地。

後裔は急速に宇佐、豊後、日向と勢力を拡大する。

スサノ王

記紀には天照大神の弟とあるが、スサノ王は新羅系。天照は天孫系。きょうだいとしたのは倭国統一の政策から──。

後漢の光武帝から「漢委奴国王」の金印を西暦五七年に授った奴国王は若き日のスサノ王と推定する研究者は多い。

征服欲に燃え軍を興した奴国王は敗れて袋だたきにされ、血縁の新羅四代王脱解(倭のタバナ国生誕)のもとに駆け込み、ソシモリに閉じこもり、帝王学・農学・軍学・治水学・医学・林学・造船・海運をたたきこまれて出雲に復活。後裔は畿内・坂東に進出して倭国の中原を制圧する。紀元一〇〇年前後である。

【アメノオシホミミの尊】

西暦二二六年前後の生誕。
天照から日向への下向を求められるが謝絶する。
兄弟に天穂日命がある。
スサノ王系の猶子に入り、坂東の利根川の流域を開発。鷲宮神社に祀られる。
出雲大社千家氏の祖。

【ニニギの尊】

西暦四四年前後の生誕。祖母の天照大神の命で日向に降臨。大山祇神の姫のコノハナサクヤヒメを妻とする。

現在の宮崎県の西都市にはニニギとコノハナサクヤヒメを葬る前方後円墳がある。ニニギの歿年期に前方後円墳が存在するはずはない。後世に至って改築したことは明か。しかし、ニニギとコノハナサクヤヒメの実在を証明する遺物として貴重。

ニギハヤビの命

ニギハヤビはニニギの実兄ではなくコノハナサクヤヒメの兄、すなわちニニギの義兄説がある。

ニギハヤビの九州在住中の妻は天道日女命。高倉下命の実母である。高倉下命は尾治氏の開祖。ニギハヤビの命が畿内に進出、スサノ王系の勇将ナガスネヒコの妹のトミヤヒメと結ばれて生まれたのがウマシマジの命。物部氏の始祖である。

奈良県葛城地方の高尾治邑の所在地が不明とされているが、現在の広陵町の櫛玉比売命神社の周辺であろう。大日本史はこの神社の祭神をウマシマジの命の生母のトミヤヒメと比定しているが物部氏の本貫地は数里はなれた石上神宮の周辺である。

櫛玉比売命神社の祭神は天道日女の命。

この広陵町こそ高尾治邑の関係地。尾治氏はここから尾治に移って飛躍したものと推定する。尾張は尾治とも記されている。

【ヒコホホデミの尊】

西暦六二一年前後の生誕。

妃は豊玉姫命。海神の姫とあるが隼人族か。

出産の光景をのぞき見されて豊玉姫の命は海神の国に帰り、妹の玉依姫命がウガヤフキアエズの尊を育て、成人すると結ばれた、とある。

山幸彦・海幸彦の神話ではヒコホホデミが山幸彦とされ、兄の海幸彦は隼人族の祖になったとされている。

天孫系、大山祇系、隼人系の結合が見える。

【神武大王】

一〇五年前後の生誕か。
兄の五瀬命は深謀遠慮の英傑。一三〇年前後に東征の軍を発起。安芸で数年、吉備で数年の待機とあるが、これは長期すぎる。
東征に参加した部族は
天孫系
隼人族
ヤタガラス系(スサノ王系の一流)
大山祇系
安芸吉備の諸族。

浪速口から攻撃を開始するが、ナガスネヒコの反撃を受け、五瀬命はトリカブトの毒矢にヒジを貫かれて紀州沖の船中で戦死。

五瀬命の墓は、一足さきにニギハヤビの命と共に東上して紀州和田の地で漁業を営んでいたニエモツの命(隼人族)がカマ山に葬り子孫の鵜飼氏は九五代に渡って墓を守り、現在も大阪に連綿とつづいている。

神武軍は紀州熊野に転進する。

熊野には血縁のニギハヤビの命の長子の高倉下命や親近の徐福後裔勢力。スサノ王系の一流であるが南九州に拠点を置くヤタガラス系。それに血縁の大山祇系が密かに協力を約していたからである。

神武軍はヤタガラスの導きで新宮の現在の高倉神社の背後から奈良に通じる修験の道をたどって進撃する。

途中、アユを神武に献じたニエモツの子はニエモツの命の御子。親子で神武軍に食料を供給した。

ニエモツの命は、南九州の吾田(阿多)の出自。神武の妻のアヒラツヒメの同族である。

神武東征後に奈良で与えられた本貫地を「阿陀」と名づける。

阿多は現在の鹿児島県金峰町。隣接の加世田町と大浦町、笠沙町を含む「笠沙の岬」を中心とした薩摩半島西南部が日本書紀に記す笠狭碕《かささのみさき》である。

神武東征軍に参陣した諸族のたむろしていた地域。古代、総称して阿多と呼ばれていた可能性がある。


さて、奈良の地に攻め込んだ神武軍は高倉下命（父のニギハヤビはすでに死去）、天穂日命系、出石族（葛城氏）、ヤタガラス系（鴨氏）の仲介によってスサノ王系との妥協連合政権をうちたてる。

神武が大王、妃はスサノ王系の事代主命の姫のホトタタライスズギヒメ。西暦一三三年～一三五年。日本の建国の年である。

神武の九州在住時の妻はアヒラツヒメ。隼人族出身。タギシミミの命とキスミミノ命の二子があった。東征した神武は再びアヒラツヒメと顔を合せる機会はなかった。宮崎県日南市の吾平津神社に祀られている。キスミミの命は東上途中で病死。タギシミミの命は父と共に東上、後に綏靖に暗殺される。共に日南市の吾田神社に祀られている。

大山祇神

スサノ王の時代、ニニギの時代、神武の時代、仁徳の時代にも登場。もとより襲命。大山祇神社の大祝は物部氏。物部氏の祖は大山祇神につながるか。百済水軍を祖とするか。山の神であって海の神。造船のために山の木を切り、その船で海運を営む。山を支配し、海を支配した古代最強の豪族集団。出雲に、伊予に、南九州に、淡路に、熊野に、各地に影を見る。

神武東征の成功は大山祇勢力の支援の成果とも云える。

【綏靖大王】

一三八年前後の生誕。

母はホトタタライスズギ姫、妃は母の妹とされている。同腹の兄弟は三人。三番目が綏靖とされる。

綏靖一二才の年に異腹の兄のタギシミミの命が酒に酔っているところを刺殺。

神武崩御一五〇年か一五二年直後である。倭国大乱突入はこの瞬間に突発した。

綏靖の御子は安寧一人。タギシミミの命の母の出身族である隼人族によって若くして暗殺された可能性が高い。

大功がありながら冷遇された隼人族の陰をここに見る。

【安寧大王】

一五六年前後の生誕。

妃はヤタガラス系の鴨（スサノ王系の一流）。

中原氏は安寧から出る。

ヒミコ

九州ヤマタイ国連合の女王に着任したのは一七三年。この年、新羅に使節をおくっている（新羅本紀）。

ヒミコの生誕は一六〇年前後。

ヒミコは天孫系ではなく、おそらくは中国系。徐福の後裔か。

ヒミコは九州ヤマタイ国の女王ではなく、九州ヤマタイ国連合の女王。

連合には長門（穴門）や四国の国々も参加している。

【懿徳大王】

一七四年前後生誕。

【孝昭大王】

一九二年前後生誕。

二三二年に新羅王都金城包囲（新羅本紀）。

時の倭国大王は孝昭。妃は尾治氏。新羅のスサノ王系への支援を抗議しての出兵。

倭国（大和王朝）はすでに海を渡って先進国新羅の金城を包囲する実力を備えている。

前方後円墳、前方後方墳は二三二年前後に発祥か。

尾治氏の開祖の高倉下命は尾治一宮の眞清田神社の祭神。新潟の弥彦神社の祭神。

蒲原平野の開拓神とされる。新羅出兵の港は越後か。

【孝安大王】

二一〇年前後の生誕。

新羅の名将于老、倭国使者との酒の席上で失言。弁明のために倭軍を訪れ焼殺される（新羅本紀二五三年条）。

十七年後、于老の妻は倭国の使者に酒をのませて焼き殺し、ウラミを晴らす（新羅本紀二七〇年条)。
二三九年　魏の明帝がヒミコを親魏倭王となす。
二四八年　ヒミコ死去。
二七〇年　九州のヤマタイ国連合敗北。攻撃軍は新羅、熊襲、隼人連合軍と推定。

【孝霊大王】

二二八年前後生誕。

御子の吉備津彦と弟二人に命じて吉備の温羅を征討。吉備氏(前吉備氏)は神武東征の功臣の後裔。

奈良県の田原本町の黒田大塚古墳は孝霊大王のモガリ跡と伝えられる。

吉備征討の実年代は二八〇年から二九〇年の間と推定。

【孝元大王】

二四六年前後の生誕。

稲荷山鉄剣のオワケノオミの刻銘によって長子大彦命の実在証明さる。欠史八代大王不在説は崩れる。

【開化大王】

二六四年前後の生誕。

【崇神大王】

二八二年前後生誕。

崩御は三一八年か。

倭国大乱、ほぼ終息。一五〇年に渡る不毛の戦い。出雲国ゆずりは三〇〇年前後。

崇神以前に、出雲国ゆずりはあり得ない。

崇神は倭国統一のために政策の大転換をはかる。

疫病が流行したので、これをスサノ王系の祟りと考えた大和王朝は後裔の大田田根子を呼び出し大神《おおみわ》神社の宮司に復活させるから先祖に祟りをしないように祈れと命じる。

王子垂仁が一三才に成人した三一二年には新羅王に王子の嫁を求め、阿飡の急利の姫を迎える。新羅王と血縁のスサノ王系の掌握がネライ。

大王の王宮から天孫系の神を伊勢に移したのも倭国統一政策の一環(伊勢皇大神宮)。

大田田根子略系図

スサノ王―大国主命―大国主命―大国主命―事代主命

……大田田根子―大鴨積命(加茂朝臣祖)…加茂積命

大友主命(大神朝臣祖)

大多彦命

意富弥希毛利命

(壬申の乱で大功の役行者は大田田根子の後裔)

【垂仁大王】

三〇〇年前後の生誕。

三四三年崩御。妃の一人は新羅王族の姫。

アメのヒボコの帰化は垂仁三年、即ち三二〇年前後。

垂仁はヒボコの長子のタジマモリに不老不死の妙薬、トキジクのカクのコノミを持ち帰るように命じる。

記紀の系譜ではタジマモリはヒボコの四代の後裔となっているが、改ザンの結果（本文参照）。

【景行大王】

三一七年前後生誕。

十五才でオオウス、ヤマトタケル、成務の父となる。

生涯に七〇余人の子女を出誕。各地豪族の姫を妃とし、各地豪族の祀る神と天孫系の神を合祀することで倭国統一を前進させる。

三四四年、王子成務の嫁を新羅王に求めて謝絶され、三四六年に新羅王都金城攻撃（新羅本紀）。

この前後、景行、九州の熊襲・隼人の地を攻める。

【成務大王】

三三二年生誕。

三九〇年崩御か。兄のヤマトタケルの御子の仲哀を皇太子に。

三六二年、ヤマトタケル三〇才で死去。

【仲哀皇太子】

三五〇年前後の生誕。

ヤマトタケルの尊の御子。三九一年の二月、九州の戦場で死去。天皇即位なし。

下関市長府日頼寺の岡にモガリあり。死因不明。

下関長府の現在の忌宮神社の地を最前線基地として新羅・熊襲連合軍と死闘。

【神功皇后（旨）】

三六六年前後の生誕。

父は天孫系の息長宿祢（開化四代の後裔）。

母は新羅系帰化アメのヒボコの男《むすこ》のタジマヒタカの女《むすめ》の葛城高額比売。

仲哀皇太子の妃となり穴門、現在の山口県下関市長府の忌宮神社の地に下向。熊襲・新羅連合軍と合戦を重ねる。

三九一年二月、仲哀、謎の死。

仲哀のヒツギのそばで住吉大神と神功皇后誓いの秘事、応神懐妊。

　住吉大社神代記参照（田中卓氏発掘）。

　住吉大神とは穴門直踐立《あなとのあたいほむだち》（志村有弘氏）。

現代に伝わる下関市住吉神社の秘神事は応神生誕の謎に関連か。

現在の山口県楠木町にそびえていた楠木の巨木を切って御座船をつくり、大船団をひきいて三九一年の一〇月、妊娠八カ月の皇后は新羅王を訪ね、大和王朝との決戦の支援を求めて成功する。新羅系熊襲軍はこの時をさかいに神功皇后の協力軍に変わる。

広開土王碑文、辛卯の年に百残新羅を臣民にしたは、眞実とかけはなれている。三九一年一〇月渡海の神功皇后軍は朝鮮では合戦を展開していない。大和王朝軍に勝てる強勢を誇示して協力の約を取りつけただけである。

記紀の関連説話に至っては正気の沙汰ではない。信じて疑わなかった戦前の日本人とは何か――?。

三九一年一二月一四日応神生誕。仲哀死去の直後から応神生誕三九一年一二月

一四日は、妊娠期間「十月十日」に合致する（日赤病院確認）。

三九二年、東遷。仲哀王子のカゴサカ・オシクマの軍を破って、九州から東北まで統一。

三九二年、高句麗軍南下。百済新羅に攻め寄せ、倭軍は百済救援のために渡海。長期戦乱に突入する。

百済王子腆支、人質として来朝。神功皇后愛育。直支王として即位にあたっては夜明珠（ヒスイ）を贈る。北陸産出。

百済直支王の七支刀の奉献は三六九年を定説としているが、これは完全な誤断。四〇八年、直支王四年でなければ成立しない（本文参照）。

神功皇后の死去は四〇八年。百済非礼に応神の抗議が四〇八年とある故だ。七支刀の銘文の「侯王」に対する抗議か。
神功皇后の祖のアメのヒボコ帰化は垂仁三年（三二〇）と見られる（本文参照）。
ヒボコには、長子タジマモリ、次子タジマヒタカ（三一四年前後生誕）三子清彦。
タジマヒタカの女の葛城高額比売（三四五年前後生誕）。
その女が大帯比売、即ち神功皇后（三六五〜三六六年前後生誕）。
記紀の系譜は改ザンしてある（本文参照）。
右は日本古代史究明のためのかけがえなき「起点」をなす。

【応神大王（賛）】

三九一年一二月一四日生誕。
四二〇年三〇才前後で崩御。
景行大王の孫の品陀眞若王の姫三人を嫁として、大王家継承者としての資格の拡大をはかる。
四一三年、東晋の安帝に奉献の倭王「賛」は応神、時に二三才。
仁徳はその年七才の幼児。両者同一人物説は誤断。

【仁徳大王（讃）】

四〇七年前後生誕。
四二〇年に兄の額田大中彦と尾治連尻調根命の軍を飛騨で破り王位に。
四二一年、宋に朝貢。時に一四、五才。崩御は四三〇年、二四才。
後背支援勢力はワニ氏・葛城氏・尾張氏一流。
額田大中彦と尾治連尻調根命は飛騨の冬頭王塚古墳（たたる墓）に眠る。
昭和四二年発掘し日本書紀には怪物両面宿儺の名で登場する。
尾治連は応神下賜の直弧文鹿角装鉄剣を抱く。額田の白骨は一四、五才。仁徳とほぼ同年。

（廣田照夫著、桐谷忠夫解説、「飛驒《ひだ》の鬼神両面宿儺《きしんりょうめんすくな》の正体」叢文社刊参照）

【履中大王（珍）】

四二四年前後生誕（仁徳御子）。

崩御四四二年。

歿年一八才か一九才。

宋朝貢四三〇年。

【反正大王（済）】

四二四年前後生誕。

宋朝貢四四三年。

歿年四五一年二七才。

履中の弟。

兄の履中を焼殺しようとした兄弟のスミノエナカツミコの暗殺を履中に命じられた反正は、隼人族のソバカリをだまして刺殺させ、後で酒の席上で刺殺した。六尺以上の大男であったとされる。反正の悪名の背景が注目される。

允恭大王（興）

四二五年前後の生誕。
四五一年宋朝貢。
崩御四六〇年、歿年三五才。
履中、反正の弟。

安康大王（興）

四四三年前後生誕。
崩御四六二年。

殁年二〇才、眉輪王に殺さる。
四六二年に宋朝貢。
允恭の御子。

【雄略大王(武)】

四四四年前後生誕。
崩御四七九年、殁年三五才。
四七八年、宋朝貢(上表文)。
允恭の御子、安康の弟。
後吉備氏、葛城氏等の功臣を討滅。

注：宋書、倭の五王は、六王の誤り。興は二人。允恭、安康を一人と誤断している。

アメノヒボコと後裔たち

鳥海ヤエ子著／伊藤　太文特別寄稿

新羅王子のヒボコ来朝は垂仁三年、西暦三二〇年前後。なぜ但馬の出石に落着したか？出石は往古のタバナ国、出石族の発祥地。新羅四代王に就任した脱解の生誕地。ヒボコは幾流もある新羅王族中の脱解の血流。祖霊の地に落着した。

ヒボコの男のタジマモリ、タジマヒタカは成長すると大和の葛城地方に移り住む。なぜ葛城地方に移住したか。神武東征前、スサノ王系種族とタバナ国の出石族は連携して畿内に進出。王国を形成。本拠を三輪山の周辺に置いた。葛城地方は出石族の拠点となる。兄弟は祖霊の地に移住したのである。

系図はタジマモリをヒボコの四代後裔とするが、真実は長子。弟のタジマヒタカの生誕は三二五年前後。その女の葛城高額媛は三四五年前後。その女の大帯姫、即ち神功皇后の生誕は三六五年か三六六年。その男の応神大王は三九一年一二月一四日。仁徳の生誕は四〇七年。宋朝貢一四歳の年。日本古代史究明の起点。備前児島の五流尊瀧院の秘史と文人武将児島高徳の歩みを究明。希少価値の労作。

定価二一〇〇円　残僅少

古代氏族三宅氏の研究

鳥海ヤエ子著／伊藤　太文特別寄稿

天皇（大王）の直轄地屯倉の制度が何時発祥したのかは不明。大化紀には屯倉一八一カ所とある。屯倉の首の代表格が三宅連。タジマモリの後裔。

タジマモリは三二二年に現在の出石町にアメノヒボコの長子として生まれ、泥の底であった三宅の里（豊岡市三宅町）を開発。その地の中嶋神社に「菓祖」として祀られている。

弟のタジマヒタカと共に、一七、八歳の頃に祖霊ゆかりの地、大和葛城地方に移り住み、垂仁天皇の命で常世の国に不老不死の妙薬トキジクのカクのコノミを求めて船出する。常世の国を済洲島と見る史家もあるが、当時すでに交易圏内。そのようなのどかな地ではありえない。三宅氏後裔三宅祺一郎氏はインドのデカン高原、赤道直下の高熱、清らかな神水の地と推断している。

狂瀾怒涛を乗り切ってカクのコノミを持ち帰ったが、垂仁はすでに崩御（三四三年、四四歳）タジマモリは陵墓の前で泣死したと伝えられる。没年二二歳か。

タジマモリの子孫には三宅氏、糸井氏、吉士氏、児島氏、浮田氏（宇喜多氏）……壬申の功臣三宅連石床、備前児島の名将児島高徳、三河田原藩主三宅氏、結城藩水野家家老三宅氏等、けんらんにして多彩。新発掘資料を駆使して封印された世界に挑戦。　定価八〇〇〇円　残僅少

あとがき

特別寄稿をいただいた鳥海ヤエ子女史は本書原稿を執筆中に急死された。「古代氏族三宅氏の研究」「アメのヒボコと後裔たち」など秀れた執筆を展開されていたのにまことに惜しい。ほんものの仕事がようやくできる段階に至った瞬間に命を召しあげる。天は非情。

本書ではタジマモリの実年代を究明、謎の種族葛城氏のそもそもの出自は古代のタバナ国（出石族）につながり、タジマモリもその血流であることを、はじめて明かにされた。今後の日本古代史究明に貴重な一石となるであろう。

タバナ国は新羅四代王になった脱解の故国である。アメノヒボコは脱解の血流。タジマモリはヒボコの男《むすこ》。四代の後裔ではない。系図は改ざん。

山口県厚狭《あさ》の地方史家板谷政典氏は西日本では巨大な謎の一ツ、大内氏の祖の琳聖太子とその実母の真実を初めて明かにされた。琳聖の時代は聖徳太子の時代。いささか時代はくだるが、倭国(日本)と韓国朝鮮の密接な関係を理解するのに貴重と判断、御多忙の中でまとめていただいた。板谷氏には親近の間柄の実業家金林三龍氏が厚狭で活躍しておられる。韓国出身の英才で、祖は朝鮮の地方領主であったと伝えられている。この金林氏の知識が原稿作成の上に重要な役割を果たした。

厚狭には琳聖太子の実母の足跡がおかされることなしに現代に生きており、何故、これまでに、眠ったままで歴史の解明の上に役立てられなかったのか不可解の思いにとらわれる。

歴史の重大真実を解明するための貴重な伝承や遺跡が日本列島の各地に、特にこれまで重視されなかった地方にゴロゴロと存在することが解って来た。地方史家の鋭い眼力に期待したい。

本書刊行までに多数の方々の御指導と御支援をいただいた。国学院大学の神道学教授故西田長男先生。山口県地方史学会副会長故高橋政清先生。歴史作家、「毛利元就」の作者の故榊山潤先生。相模女子大学教授、文芸評論家、説話文学研究の権威志村有弘先生。また、ニューギニヤ戦線生き残りの大嶋時一氏。地方史家大嶋敦子氏。伊藤力行・チエ子御夫妻には特別の御指導をいただいた。ここに深甚なる謝意を捧げさせていただきます。

伊藤太文

鳥海ヤエ子

昭和10(1935)年栃木県宇都宮市に生まれる。
古代氏族三宅氏の後裔。
古書店鳥海書房役員。2006年死去。
著書に「古代氏族三宅氏の研究」(叢文社)
「アメのヒボコと後裔たち」(叢文社)。

板谷政典

昭和4(1929)年山口県に生まれる。
山陽小野田市文化協会理事。
山陽ふるさと創生事業推進委員長。
山口県長寿開発センターアドバイザー。
一級建築士。

伊藤太文

昭和5(1930)年山口県美祢市西厚保町に生まれる。
出版社叢文社会長。歴史研究者。
著書に「長門地頭秘史」(大嶋敦子共著)
「徒然草発掘」「八幡神社研究」
「新羅高句麗百済三国紀」等。
著書、共著多数。

日本誕生史　実年代と史実

発　行／二〇〇七年二月二〇日　第一刷

著　者／伊藤太文
鳥海ヤエ子

発行人／伊藤太文

発行元／株式会社叢文社
東京都文京区春日二―一〇―一五
〒一一二―〇〇〇三
電　話　03（3815）4001
FAX　03（3815）4002

印刷・製本／日本平版印刷株式会社

ISBN978-4-7947-0566-2 C0021 ¥1500E